U0111718

大展好書　好書大展
品嘗好書　冠群可期

大展好書　好書大展

品嘗好書‧冠群可期

中華傳統武術
25

少林拳

大展出版社有限公司

武 兵 著

國家圖書館出版品預行編目資料

少林拳 ／ 武兵 著
——初版，——臺北市，大展，2018〔民107.01〕
面；21公分 ——（中華傳統武術；25）
ISBN 978－986－346－192－0（平裝）
1.少林拳
528.972　　　　　　　　　　　　　　106021067

少 林 拳

著　　者／武　兵
責任編輯／岑 紅 宇
發 行 人／蔡 森 明
出 版 者／大展出版社有限公司
社　　址／台北市北投區（石牌）致遠一路2段12巷1號
電　　話／（02）28236031‧28236033‧28233123
傳　　眞／（02）28272069
郵政劃撥／01669551
網　　址／www.dah-jaan.com.tw
E - mail ／ service@dah-jaan.com.tw
登 記 證／局版臺業字第2171號
承 印 者／傳興印刷有限公司
裝　　訂／眾友企業公司
排 版 者／弘益電腦排版有限公司
授 權 者／安徽科學技術出版社
初版1刷／2018年（民107）1月

定價／230元

作者簡介

　　武兵，武術學者，北京武兵武術學堂主講，中國共產黨黨員。北京體育大學畢業，中國武術段位高段，國家級裁判，高級教練，兩翼拳第5代傳人。歷任山西省大同市武術培訓中心總教練，大同市體育運動學校武術套路、散打總教練，大同市武兵武術學校校長兼總教練，北京體育大學成教部散打主教練，北京航空航太大學北海學院武術教授等職。

　　出生於武術世家，歷經武術界多位名家指導，勤修靜悟，分別在國內、國際各類大賽中榮獲武術套路、武術散打冠軍24個。

　　在全國武術專業雜誌《武當》《少林與太極》《中華武術》《武魂》《武林》《精武》《搏擊》《拳擊與格

門》《武術家》《文武中國》《全球功夫》等刊物發表了300餘篇武學作品，並多次榮獲全國武術有獎徵文大獎。

分別在北京體育大學出版社、人民體育出版社、山西科學技術出版社及臺灣大展出版社出版武學專著16本及VCD和DVD教學光碟多張。

前　言

　　傳統武術是中國武術的重要組成部分，其紮根於民間，具有濃郁、古樸的武術神韻，是武術寶庫中的精華。

　　隨著「世界傳統武術錦標賽」「全國傳統武術比賽」及「CCTV-5武林大會」的舉辦，傳統武術得到了重視與發展。當下，中國武術要深化「大武術觀」的認識，樹立大武術觀念、營造大環境、形成大團結、推動大發展。

　　在大力弘揚中國傳統武術之際，爲迎合大武術的發展，滿足國內外衆多酷愛傳統武術練習者的需求，現將筆者鑽研、習練多年的中國傳統武術撰寫成「中華傳統武術」。該套書所介紹的名拳，都是經國家武術院審核，按照「源流有序、拳理清晰、特點突出、自成體系」的16字方針，認定流傳各地的129個武術拳種中的精品。

　　「中華傳統武術」本次共有5本，分別是《八極拳》《劈掛拳》《彈腿拳》《少林拳》《南拳》，單本成冊，每本圖書都力求做到圖示精確，文字精準，透過圖文並茂的形式來激發讀者和學練者的學習興趣。

　　寫作風格獨特，分別從拳術概述、拳術精華功法、拳術套路展示、拳術技擊解招、拳術拳理通覽及拳術學練指點等方面加以闡釋和表現，整套叢書縱橫交錯、精言細理地呈現傳統武術，讓讀者一看就懂，一學便會。

受校訓「追求卓越」的耳濡目染，以及相伴著「一生只做武術人」的志向，筆者欲把所撰之圖書創作為精品，於是，在創作過程中時有感動，感動於武術本身，也感動於武術之外。但因自身的武學境界所限，也許會書不盡言，言不盡意，還望廣大行家裡手多加斧正。

一部好的武術專著，對於傳承武術意義重大。作為武術人的筆者，心存夙願，能文能武是我畢生的追求，面對「文者不武，武者不文」之現狀，始終按捺不住創作的衝動。雖說衝動是魔鬼，但在創作中，這種衝動是必需的。帶著創作的衝動，去引爆創作的激情；帶著激情去創作，其作品必定是有血有肉的。筆者會不斷地努力，力爭寫出更多的武學作品，以饗讀者。

成書之際，特別要感謝王天增、武萬富、王祖金、白枝梅、王宏強、武冬、于三虎、伍軍紅、劉一鳴、武晨希和武喆或等，沒有他們一直以來的關心、支援和幫助，就沒有這套叢書的面世。

作　者

目　錄

第一章
少林拳概述

第一節 少林拳與少林寺

一、少林寺的建立

在武術界所講的少林寺主要有兩個，一個是北少林寺，一個是南少林寺。南少林寺指的是福建省莆田市西天尾鎮的九蓮山少林寺，據考證，它的創建比嵩山少林寺晚了61年。本書所講的是北少林寺，俗稱少林寺。

少林寺位於河南省登封市西北，背倚五乳峰，面對少室山（少室山和太室山合稱嵩山）。中嶽嵩山雄居於五嶽之中，層巒疊嶂，綿延起伏，奇峰異谷，氣勢磅礴，形成了連綿聳起之勢。四周山林環抱，風景優美，巒峰秀麗，乃嵩嶽之神秀，中州之勝地。故「少林者，少室之林也」。

北魏太和十九年（495年），孝文帝建少林寺以安置天竺僧人跋陀（又名佛陀）來嵩山落跡傳教。他是少林寺的開創者，又是第一代住持。

北魏孝明帝孝昌三年（527年），天竺高僧菩提達摩經金陵來少林，面壁九年，在此首傳佛教禪宗，以後，寺院逐漸擴大，僧徒日益增多，少林寺聲名大振。少林寺遂

被尊為中國佛教禪宗祖庭、「天下第一名剎」，達摩也被尊為中國佛教禪宗初祖。

少林寺寺院裡碑刻林立，建築體現出濃郁的傳統特色，具有獨特的文化環境，少林寺記憶體有的殿堂、碑刻、壁畫等文物，有極高的觀賞和考古價值。少林寺作為一個歷時1500多年的皇家寺院，長久以來一直是參禪拜佛的聖地，每年朝拜之人絡繹不絕。

少林寺的大門叫山門，1735年（清雍正十三年）修建。山門上方橫懸康熙御題長方形黑金字匾額，上書「少林寺」三字，匾正中上方刻有「康熙御筆之寶」六字印璽。山門前有石獅一對，雄雌相對，係清代雕刻。山門的八字牆東西兩邊對稱立有兩座石坊，東石坊外橫額「祖源諦本」四字，內橫額「跋陀開創」；西石坊內橫額「大乘勝地」，外橫額「嵩少禪林」。山門的整體結構配置高低相應，十分和諧。

天王殿位於碑林的盡頭，以供奉象徵「風、調、雨、順」的四大天王而得名。該殿紅牆綠瓦，斗拱彩繪，門內隔屏前左右各有一尊金剛塑像。在山門和天王殿之間，有一條長長的甬道，道路兩旁就是蒼松翠柏掩映下的碑林。

大雄寶殿是寺院佛事活動的中心場所，與天王殿、藏經閣並稱為三大佛殿。殿內供釋迦牟尼、藥師佛、阿彌陀佛的神像，殿堂正中懸掛著康熙皇帝御筆親書的「寶樹芳蓮」四個大字，屏牆後壁有觀音塑像，兩側塑有十八羅漢像。整個建築結構合理，雄偉壯觀，氣宇軒昂。

鐘樓、鼓樓坐落在大雄寶殿的兩側，東面為鐘樓，西

面為鼓樓，兩座樓均有四層，造型巧妙，巍峨雄偉，是中國建築史上的珍品。

立雪亭建於明代。相傳這裡是二祖慧可侍立在雪地裡向達摩祖師斷臂求法的地方。殿內神龕中現供奉著達摩祖師的銅坐像，是在1531年（明嘉靖十年）所鑄。龕上懸掛的匾額「雪印心珠」四字為清乾隆皇帝御筆親題，字體遒勁，氣勢豪邁。此殿現為寺僧日常做佛事的場所。

千佛殿位於立雪亭後面，裡面供的是毗盧佛銅像，因此亦叫毗盧殿，是寺內最後一進大殿。此殿是當年少林寺僧人的練功房，殿內地上留有四十八個寺僧「站柱」的遺跡，只見磚鋪的地面上留下兩行直徑為四五十公分的鍋底狀圓坑，一個個間隔約兩公尺半，據說是眾僧苦心學藝、兩腳踏踩而成。

千佛殿的西廂為地藏殿，東廂為白衣殿。白衣殿內供奉白衣觀音銅像一尊。大殿背面及東、西兩牆壁上都繪有彩色的少林拳譜壁畫，這些壁畫非常有名，長約20公尺，是少林寺壁畫中的珍品。

最著名的有「五百羅漢毗盧圖」「十三棍僧救唐王」「活捉鄭將王仁則」，色彩豔麗，構圖和諧，衣袂飄飄，展示了唐代壁畫的極高水準，很生動地表現了少林寺僧練拳習武的真實情景。

方丈室是寺中方丈起居與理事的地方。1750年，清乾隆皇帝遊少林寺時，即以方丈室為行宮，故又稱「龍庭」。室內有1980年日本所贈的達摩銅像，東側立有彌勒佛銅像。牆上的一幅「達摩一葦渡江圖」，畫面佈局合

理，形象生動、逼真、線條細膩柔和，是不可多得的藝術珍品。

寺西300公尺處，有一片宏大的古塔群，這是安葬歷代高僧、住持、大和尚的墳墓，占地約1.4萬平方公尺，共有唐、宋、金、元、明、清歷代250多座磚塔和石塔，為中國最大的塔墓群。塔從一級到七級，為四、六、八角，也有柱體或錐體，空心實心均有，大多雕刻塔銘題記。

可惜在1928年的軍閥混戰時期，軍閥石友三火燒少林寺，把天王殿、大雄寶殿、法堂和鐘樓等主要建築統統毀於一炬；許多珍貴的藏經、寺誌、拳譜等被燒成了灰燼。此為少林寺歷史上最為慘烈的大劫難。最後保存下來的建築有千佛殿、山門、立雪亭等。

新中國成立後，在國家的關心支持下，少林寺雄風重振，逐步將燒毀的真跡修繕恢復。特別是一部《少林寺》電影，使少林寺、少林功夫風靡世界，成為河南省乃至世界的一個頂級旅遊勝地。

現今，少林寺主體建築有山門、天王殿、大雄寶殿、藏金閣、方丈室、達摩庭、千佛殿共七處，總面積30000平方公尺，現有僧尼70餘人，現任方丈是釋永信。

1981年，在嵩山少林寺腳下，由武術名家梁以全創辦了全國第一所武術學校。梁以全出生於武術世家，6歲起就開始習武，現年84歲，中國武術九段。

1982年，電影《少林寺》上映，少林武術風靡一時，慕名而來的海內外習武者絡繹不絕，眾多的武術館校應運而生。

1983 年 7 月，登封縣劃歸鄭州市管轄。

1988 年，國家投資興建了宏偉壯觀的嵩山少林寺武術館。

1991 年，鄭州市成功舉辦了首屆中國鄭州國際少林武術節，吸引了世界五大洲的眾多的武術愛好者前來參加，他們以武會友，同台競技，有力地推動了武術在全世界的推廣和普及。

1992 年，河南省登封市被國家命名為首批全國武術之鄉。登封市成了全國著名的「武術之鄉」，境內佛、道、儒三教彙集，形成了「三教一體，九流一源，百家爭鳴，萬法一統」的特有文化底蘊。

1994 年 5 月，經國務院批准，登封撤縣設市。

2004 年，嵩山被命名為「世界地質公園」，少林寺成為國家旅遊局首批 5A 級旅遊景區，並被列入《世界遺產名錄》。

2008 年，少林功夫入選第一批國家級非物質文化遺產。

2012 年，舉辦第九屆少林武術節。這屆武術節共吸引了來自世界 73 個國家和地區的 195 個團隊 1500 多名運動員參賽，是截至目前參賽國家、地區和參加人數最多，比賽項目設置最全，舉辦規格最高的一屆少林武術節。

二十多年來，鄭州市先後成功舉辦了 9 屆中國鄭州國際少林武術節和兩屆世界傳統武術節，吸引了世界各地 7000 多萬的武術愛好者。

按照「登封市武術產業發展規劃」，到 2015 年，登封

市要組建十大武術產業集團，武術學員達到十萬人，到2020年，登封市要成為名副其實的「中華文化聖山，世界功夫之都」。

二、少林拳的開創

少林拳是中國武術名拳，在國內外享有盛譽，然而，少林拳究竟源起何時，由何人所創，卻眾說紛紜。

資料顯示，隋唐之後，特別是少林十三棍僧援助李世民平定王世充以來，歷代對少林拳的記載多如牛毛，並多帶有傳奇色彩。而隋唐之前有關少林拳的史料卻少得可憐，這就給探討少林拳的起源問題造成了很大的困難。因此，聞名於世的少林拳的起源出現了各執己見的多種論述。

1. 少林拳的產生及發展

少林武術的雛形起源於北魏年間，距今已有1500多年的歷史，其歷史悠久，影響深遠。其歷史成因主要有：

（1）少林僧人習武之風從少林寺建立不久就有。由於少林寺處在嵩山的深處，山勢險峻，林木茂密，猛獸時常出沒，惡劣的自然條件對少林寺僧的生命和日常生活構成了極大的威脅，這就從客觀上要求少林僧眾必須有強健的體魄以適應殘酷的自然環境和抵禦猛獸的攻擊，求得生存自衛。

寺僧們繼承中國民間的武術搏技，開始演練棍棒，學習防身技巧，藉由習武來增強抗禦自然和猛獸襲擊的能力，這就是少林武術形成的內部動力。

（2）寺院經濟的產生和政治的需求，是少林武術形成的外部動力。由於少林寺所在登封縣位於七朝古都開封和九朝古都洛陽之間，既是通衢，又有嵩山險隘，乃歷代兵家必爭之地。處此環境之中，武藝是必不可少的，因而當地習武成風，少林寺僧也隨俗練武。

加之隋末唐初，少林寺僧因救助唐太宗李世民有功，「太宗嘉其義烈，頻降璽書宣慰，既奉優教，兼承寵錫，賜地四十頃，水碾一具，即柏谷莊是也」。此時的少林寺擁有了龐大的寺院財產，成為擁有大量田產的莊園，因此，才會產生「大業末，此寺為山賊所劫，僧徒拒之，賊遂縱火焚塔院」的現象，在這種情況下，少林寺為了保護自己的寺院財產，不得不習武強身建立自己的武裝力量——少林僧兵。現代意義的「少林武術」開始形成。

明朝是少林武術發展的鼎盛時期。《日知錄》載「嘉靖中，少林僧月空受都督萬表檄，禦倭於松江，其徒三十餘人自為部武，擊殺倭寇甚眾，皆戰死。」可見少林僧兵在這次鎮壓倭寇的過程中發揮了一定的作用。

此時嵩山少林寺與政府之間關係密切，生存空間廣闊。少林武術傳播發展的主要途徑表現為以報效國家為主，服務民間為輔。這時的少林武術已經發展到了相當的高度，並且技術體系也很全面了，但這不是一朝一夕之功，而是世代相傳、長期演練的結果。

明朝中期，少林武術的著作不斷湧現，如戚繼光的《拳經》，俞大猷的《劍經》，程宗猷的《少林棍法闡宗》，還有茅元儀的《武備志》中的有關內容，唐順之的

《武編》及少林武僧洪轉的《夢綠堂槍法》等，這些理論的總結和出版是少林武術日趨成熟的標誌。此時的理論著作裡，體現的還是武術作為武裝力量的味道，如程宗猷的《少林棍法闡宗》。

到了清朝，少林武術的生存、發展境況與明朝相比有了巨大的差異。此時，清朝政府對嵩山少林寺心存芥蒂，與嵩山少林寺的關係相對疏遠，對其武術活動多有掣肘，少林武術傳播、發展的政治途徑被切斷，這就迫使僧人大量外逃。其中的武僧或為鏢師，或為教頭，或落草為寇，或賣藝為生。此時，設館授徒成了少林武術生存的重要途徑。清代少林武術的生存空間漸趨衰微。

《清稗類抄》記載，一少林武僧攜一徒到南海賣拳棒為生。嵩山少林寺距南海千里之遙，在交通工具不發達且娛樂活動極貧乏的時代，師徒二人靠賣藝糊口，徒步輾轉應在情理之中，其設場賣藝時圍觀者一定不少，這種方式客觀上起到了宣揚少林武術的作用。

隨著冷兵器時代結束、近代火器的普及，少林武術進一步被文學化、民俗化，成為中華傳統文化的象徵。

2. 少林拳的概念

「寺以武顯，武以寺名」，是少林武術的真實寫照。

少林拳這一概念從總體上講，是一個具有集合性意義的概念。在武術範疇內很少有哪一類拳術如此複雜、廣博，不同的時代、不同的人對少林拳的理解是不一樣的。因此，不同師承的少林武者，他們所傳授的少林拳就會各

有差異。

少林拳究竟是何人創立，於何時流變成體系而名揚武林，今存資料尚無法確切定論，但是從少林拳的發展過程看，一定是融合了無數個體和集體精武者的智慧，經過長時間的積累而產生的名門拳系，尤以少林拳和少林棍最為聞名。

綜上所述，少林拳是集百家之大成，是寺內與寺外精華武術的融合，是以少林寺「武、醫、禪」為特色的集合式流派武術。

少林拳是少林武術的代稱，也稱少林功夫，有道是「天下功夫出少林」。少林武術成為中華武術中的一顆璀璨明珠。

第二節　少林武術與禪宗

一、什麼是禪宗

禪宗教派的產生，使佛教原有的面對死亡悲苦之面貌，變為對人間生活之歡樂的肯定。禪宗，凝結著由中國歷代高僧和優秀士大夫所構成的精英群體對於宇宙奧秘、人生真諦的體驗和感悟。

佛教禪宗的入門功是參禪打坐，修禪包括參禪、坐禪和禪定三個主要環節。參禪是指坐禪和禪定的全過程；坐禪是指參禪時所採用的靜坐方式；禪定則是指在修禪過程中內心所獲得的安靜狀態。參禪打坐被稱為是一種上乘境

界。

《禪門經云》問：「云何為禪，云何為定？」答：「妄念不生為禪，坐見本性為定。」六祖慧能這樣說：「外不著相為禪，內心不亂為定。」無論是禪宗小乘，還是禪宗大乘，都是以坐禪修心、以靜養性為目的的。

現代人理解的禪，即是寧神守志、靜心思慮，讓自己身心完全放鬆，忘卻塵世一切騷擾、煩惱及千頭萬緒的念頭、事物，變雜亂為系統、有序、有節，進而逐步感悟出一種新的理念、新的哲理。

二、禪宗與少林武術的融合

禪宗宗旨：「教外別傳，不立文字，直指人心，見性成佛。」中國禪的最鼎盛時期是在五祖弘忍之後禪宗本身的分化階段。以六祖慧能大師為代表的南宗禪和以神秀大師為代表的北宗禪有著不同的修持方法。前者主張頓悟，後者主張漸修。兩者對於佛本性的認識也有著極大的不同。這一點從慧能和神秀為承傳五祖弘忍的衣鉢所作的偈中可以看出。

神秀大師之偈曰：「身是菩提樹，心如明鏡台，時時勤拂拭，莫使惹塵埃。」

慧能大師之偈曰：「菩提本無樹，明鏡亦非台，本來無一物，何處惹塵埃？」

兩者之間的區別就在於「有」和「無」。只是慧能大師的「菩提本無樹，明鏡亦非台」更顯禪宗境界。到了這一境界，「行住坐臥，道法流動」，事事時時隨緣任往，

心注一境，一動一靜皆修禪，一言一語含禪理。練拳也是修禪，是為「禪拳」。樹樹皆菩提，聲聲蘊佛理；在「拳禪」中則是「招招皆絕招。」

禪宗六祖慧能在廣州法性寺傳法時，院中風吹幡動，有人說風動，有人說幡動，印宗法師一時不能決斷，慧能曰：「不是風動，不是幡動，仁者心動。」這些都說明了僧人要有「清靜本心」。少林武術繼承了禪宗思想，在練心時講「心為一身之主，五官四肢百骸之帥。心一動則氣容易上浮，氣上浮後，視覺恍惚，聽覺失聰，手足失措，何能應敵變化於倉猝間。」

《少林拳術秘訣》云：「上乘技擊術，總以有幾分禪機，方能活潑鎮靜，所謂超乎寰中，得其象外也。」古人喻參禪如用兵，這裡反過來說技擊如禪機，需有超越有為的、深沉而又鎮靜活潑的心態，才能立於陰陽不測之地，隨機發用。

同時練心是就境界而論的，一旦涉及臨戰對敵，少林武術的心意鍛鍊便具體化為「練膽為先」，這也吸收了禪宗的解脫法。

《少林宗法》認為參貫禪機，超脫於生死而畏之域為拳術之極致所歸，即性命精神所皈依的不動心功夫。

少林武術表現出來的深厚文化內涵是禪宗智慧賦予的。少林武術的修習者首先表現為對佛教的信仰，包括智慧信仰和力量信仰。少林武術的智慧信仰主神為禪宗初祖菩提達摩，力量信仰主神為緊那羅王。少林武術的上乘功夫總帶有幾分禪機，更具有幾分玄機，這正是少林武術的

魅力與神秘所在，是人們孜孜以求的動力和源泉，也是少林武術與其他武術的主要區別。

少林武術在少林寺內形成並成為寺僧們學佛修禪的手段以後，僧人們又反過來將佛教的教義和大智大勇的精神追求融入少林武術的理論和技戰方法之中，使少林武術的內涵和品質得以提升，達到「禪武合一」的境界。「禪武合一」成了少林武術的主流思想，並成為僧人修習少林武術的目標和理想境界。

釋永信方丈說，「少林禪宗」中有「行、走、坐、臥皆為禪，吃飯、睡覺都是定」的說法，嚴格講起來，「加上意念處處為禪，中發心源方入定」。

修禪沒有身份階層之分，誰下工夫誰受益。

修禪分三層功夫：一定、二空、三生慧。從體姿上分：一坐、二臥、三行禪；從呼吸的方法上分：一有息、二無息、三飄浮息；從入禪的途徑上分：一念決、二入化、三生慧。

由武入禪，由定生慧。修習少林武術的主體是禪者，由禪心運武，透徹人生，內心無礙。少林寺僧人的武勇無畏，聞名於世，表現出少林武術傳承人大智大勇的氣概。

禪，賦予了少林武術更為豐富的內容，使少林武術表現出特有的輕鬆、自在和神化之境界；武，賦予了禪宗修行的有效途徑，使禪宗的妙悟有了躬行踐履之體驗。

少林武術傳習的核心內容是師父的言傳身教和弟子的勤學苦練，而高水準的傳習，則往往取決於師父的心傳和弟子的頓然領悟，這一境界又需要僧人在日常佛教修行和

武術修習不斷提高的過程中方能達到，體現了少林武術「禪武合一」的宗旨。

少林武術的經典之處莫過於「禪武合一」。可以說少林武術以一種特有的修煉方法將中國佛教、儒家和道家等傳統思想的精髓融入少林武術，使得自身更加具有強烈的文化特性。

已故中國佛教協會會長趙樸初老先生談論少林時說：「天下稱第一，是禪不是拳」。「是禪不是拳」，這是一種境界，能夠體悟這種境界的人才能領悟少林武術的精髓，這也恰恰是少林武術作為一種文化形式存在的意義。

在「天人合一」思想的影響下，少林武術追求自身和自然的和諧。少林武術套路在其形成的過程中也融入了中國傳統美學思想，「韻」「氣」「形」「神」「意境」在少林武術中都有完美的體現。將力與美完美地結合到一起，那種惟妙惟肖的表演給人一種美的享受。無論是少林武術中所蘊涵的禪的精神，還是中國傳統審美情趣都是中國傳統文化的長期發展過程中不斷積累與創新的結果。

三、禪武的昇華

在釋永信方丈看來，「少林武術」所具有的宗教文化功能是基本的，是第一位的；「少林武術」作為武術，只是技術層面，是佛教精神的具體表現形式之一，是第二位的。「少林功夫」是修行，是參禪，少林僧人練武，正是一種修行。

少林武僧的習武宗旨是「強健體魄、自衛護法和忍辱

救世」。習武之人因一技之強異於常人，如果只注重技術而忽視武德修養，則會滋生「恃強凌弱、好勇鬥狠、貪得自誇」之心，這是有悖於佛法悲憫救世之旨的，所以必須加以規制和約束，少林僧眾尚武更注重武德，習武必先修武德，而武德的基本規範是以佛教的基本倫理德目定義的。犯規者，輕則廢其武功，重則逐出山門，不得再為少林弟子。

少林武術表現出節制、忍辱、謙和之氣。在格鬥前，總是以佛法大義，再三規勸，攻心為上，以理服人，儘量避免格鬥的發生。在格鬥中，總是以防為先，反擊為後，動作含蓄內斂，點到即止，示強而不強力壓服對手，手下留情，以德服人。在格鬥後，再次向對手曉以佛法，以期對手「放下屠刀，立地成佛」，體現佛陀悲天憫人的博愛情懷。

達摩祖師主張經由「壁觀、禪坐」而「安靜而止息雜念」，內觀自心，淨化自心，進而斷言語道，滅心行處，最終契入真空妙有。所以少林武術中的各種拳功都十分注重靜養功法，由禪定而攝心，由數息而練氣，在禪道基礎上吸收道教及民間氣功的內養之法，在整個修煉過程中以禪宗「無念」合道的思想為旨歸，以「不起念、亦不執無念」為調心原則，順其自然，練精化氣，練氣化神，練神還虛，達到「人我俱空、空亦復空」，強調心意的持守、內功的涵養。

「外息攀緣，內守真如」這樣身心一如，在搏擊時才能對外來能量的入侵做出直覺的反應，察敵先機而後動，

雖後動而處處主動。所以說少林武術靜中有動，動中有靜，亦動亦靜，亦靜亦動。動靜之際，皆合禪道。

少林武術所呈現的三重境界，突顯了禪道佛性論與般若空觀的理論特色，即初步境界注重習其套路，以形似為要；中層境界注重形神兼濟，以形傳神；最高境界是「神拳合一」，化有形為無形，變有法於無法，無法可依，無招可循，制敵於無形之中，即是用心法指導一切，所鬥之術為「心」法之爭，非「形」法之戰。古拳譜云：「打人不見形，見形不為能」，正如近代少林寺住持妙興法師所云：「處於心靈，發於性能，似剛非剛，似實而虛，久練自化，熟極自神。」最後使武功達到「法本法無法，無法法亦法。今付無法時，法法何曾法」之境界。

具體的「以武演禪，以禪證武，禪武合一」表現為以下三點：

1. 以禪為體

透過參禪，徹悟自性本空，達到「無我、亦無我所」之境，入十地金剛定，武功自然達到不可思議的境地。

少林武術的上乘境界是金剛神通在修習者身心所表現出來的極具個性化的體驗，是習武者技藝精熟到極致而豁然貫通所獲得的禪悅體驗。

2. 以武為用

禪修的終極目的是為了獲得最終解脫，得大自在。少林禪僧習武必先習禪，透過習禪入定而發空慧，知萬法皆

如幻不真，才能放下萬緣而無所羈絆，從而發精進心、勇猛心、無畏心，起慈悲心，行大願行。悟透生死而置生死於度外，捨色身為法身，為法而亡軀。

3. 互為體用

少林武術為少林寺所獨有的參禪悟道的方便法門。禪道智慧所蘊涵的「語默動靜、漸頓空圓」之義都融攝於少林武術的修習功法之中。對於少林武僧而言，要修習上乘武功，靠的是習武者自身的悟性和多年的習武體驗。禪修是一種內在的體驗，而武術則是內外兼修，兩者最高的境界都要經過「悟」才能獲得。

從這個意義上說，修禪即習武，習武即修禪，二者融於少林武術這一特殊的表現形式之中，從而達到「禪武合一」的最高境界。

佛家的「合十禮」是兩掌十指相合，寓意掌心、人心和佛心的融會，不宣自明。少林武術的「抱拳拱手禮」，一拳一掌構成武術的基本手型，二者相抱，表示五湖四海皆兄弟，團結互重之意。可見，佛教禮法與少林拳禮及中華武術禮節的相互滲透。「以禮始，以禮終」是佛家和少林武術最基本的禮法和持戒要求。

禪宗主張：「與人為善，禁人為惡」。以技擊為本質的少林武術與佛教教義完全相抵制，但卻能融合在一起，而且名冠天下，其中的原因耐人尋味。其實，最重要的原因是「戒約」的力量。

《佛教持誦必要》中最早成文的戒約有五條，即一不

殺生，二不偷盜，三不邪淫，四不妄語，五不飲酒。入教首在戒律能持否，並被眾僧徒奉為金科玉律，遵照執行。

在少林寺的特定環境中，佛教戒律又演化為習武戒律——少林「十禁約」，即一禁叛師，二禁異思，三禁妄言，四禁浮藝，五禁盜竊，六禁狂鬥，七禁違戒，八禁抗詔，九禁欺弱，十戒酒淫。這是少林武術最早的條款式戒律，戒律在習武者身上，又表現為武德。所以少林武術時時表現出節制、謙和、內斂、含蓄。

「戒約」對少林武術的影響：

1. 尚德不尚力，重守不重攻

推崇道德，不尚武力，懲惡揚善，自衛為本。如少林武術強調「八打八不打」，「八打」之處均為不致造成嚴重傷害而能控制住對手的部位，凡是不打的地方都是一些致命的要害部位。

2. 避其銳器，倡導鈍器

少林武術是以尚棍而著稱的，這是它的原始自衛本意。僧徒的身體條件各不相同，應該各自使用便利的器械，可是少林武僧卻整齊劃一，人人使棍，並成為一項規矩。因為棍的殺傷力遠不如刀劍等金屬利器，基本符合於有限度地使用器械的佛門弟子身份。

「殺戒」與「兵者兇器也，聖人不得已而用之」，終於形成少林尚棍的這一特色。

禪宗初祖達摩說「安心無為，形隨運轉」，六祖慧能

說「但行直心，不著法相」，即說明禪人的一切言語舉動，行所無事，純任本然。這種思想貫徹到少林武術中，使少林拳套路結構緊湊、動作樸實健壯而敏捷，攻防嚴密，招式多變，力量運用靈活而有彈性，著眼於實用，不練花架子，具有很多自然特點。

少林武術是以禪入武，身心兩修，追求的是悟道解脫，成就的是「不動心」，這是佛教陰陽思想的體現。

陰陽變化是中國傳統文化最基本的思想，不僅道家講、儒家講、佛家也講，少林武術亦不例外。所謂「能動能靜」，講究的正是陰陽變化，甚至在「一條線」上求變化，在「臥牛之地」求變化。沒有單純的進攻和防守，每招每式均納攻防之意。少林武術的基本特點恰恰就是「進退一條線」「拳打臥牛之地」「非曲非直，剛柔相濟」。

第三節　少林武術與醫學

禪學、醫學是少林功夫一體的兩翼，自古就有醫武不分家、醫武同源之說。

少林寺僧人習武尚醫體現了武醫結合的中國武術的一大特色，僧、武、醫三位一體是少林武術區別於其他武術拳種的最大特點。「禪為修身本，武為強身技，醫乃濟世術」三寶合一，是修習禪、武、醫的最本真的大法。

由於少林寺地處深山叢林，人煙稀少，寺僧就醫不便，僧人們只能根據自己所掌握的醫學知識來解除疾病帶來的痛苦。再加上寺僧平時習武和外出參戰，都不免會受

傷流血，跌打損傷、傷筋動骨成了很平常的現象。因此，各種傷及氣血、內臟和閉塞經絡的內傷，以及扭傷、跌傷、撞傷、脫臼、骨折及皮肉筋骨外傷的出現，迫使少林寺僧必須具備一定的醫學知識，以便在危難之中自救與救人，這些都是少林武術與醫學結合的直接原因所在。

自唐朝以來，寺院僧兵日漸增多，為了及時治療練武時的傷損和疾病，便產生了少林寺僧醫，並且在外科和傷科方面積累了豐富的經驗，達到了一定的療效。

少林功夫的武醫結合，還有兩個重要作用，一方面武僧們不僅可以調養自身，治病救人；另一方面，由於熟知人體要害部位及經絡穴位，在對武搏戰時便可護守自身要害不被對手所攻擊，同時也便於攻擊對手身體要害，以制勝對手。

在少林寺歷代武僧中，不乏既精通禪學，又擅長武醫之高人，如西魏時的「長命活佛」洪遵，九十多歲時還武功過人的空空禪師，習醫、善武、精佛的惟寬和尚，佛醫武文皆通的福居法師、洪溫法師和僧醫總教惠定禪師等。

關於少林功夫中的醫學專著也留存頗多，如《少林骨科旨要》《少林丸散譜》《少林寺傷科秘方》《少林醫宗秘笈》等。

少林武僧經過多年的實踐，總結出來多種行之有效的醫學秘方，如採集嵩山地區的中草藥，採用熬、蒸、煎、曬、煨、泡等多種辦法，製成煎劑、沖劑、酒劑，以及散、丸、膏、丹藥等，作用於人體肌膚和內臟，起到加速血液循環，促使氣血周流，堅肌膚、壯筋骨、止血、鎮

痛、消腫、袪毒等生理功效。

如製成少林八仙散、少林止血散、少林解毒膏、少林大力丸、少林接骨丹、少林萬寶丹、少林損傷活絡湯、少林驅毒湯、少林虎骨酒、少林活龍酒等。

擅長少林武醫者，一般是不會輕易傳授於外人的，因為少林武醫的醫理深奧，如果不是精心研究習練者是很難通達的。因此，「得之皮毛者可，可借新奇而自掩，得其真傳者，視其珍異而自秘。」

少林武醫堪稱是少林寺的鎮寺之寶。據少林七十二藝記載，少林武醫包括有點穴術、卸骨術、擒拿術等，都包含著豐富的醫學知識，如奇經八脈、子午流注、臟象骨度、穴位闡奧等。例如運用點穴術時，不僅要對周身的經絡穴位瞭若指掌，而且還要掌握氣血流注原理，有「十二時辰氣血流注」歌謠為證：

寅時氣血注於肺，卯時大腸辰時胃，

巳脾午心未小腸，膀胱申注酉腎注，

戌時包絡亥三焦，子膽丑肝各定位。

人體是個有機的統一體，五臟六腑、百脈七竅環環相通，眼、耳、鼻、舌、耳五大清竅和下身兩大濁竅（大、小便）掌管身體的一切進出，至關重要，通竅為治療一切病的法門。其中又以鼻竅最為重要，鼻竅直通丹田，主管呼吸，生命就在一呼一吸間。人體以氣血為根，氣隨百病，氣不通則病生，通氣化滯則百病自消。陰陽失衡則病生，五行金木水火土，內屬五臟，外屬五官，五官連五臟，內裡有病，必顯於表徵。

少林醫學以通氣、通竅、通道、化滯為要，習練時，必須先認識人體臟腑、經絡，了解氣血原理，掌握飲食、練氣之道。少林醫學以氣血、經絡、臟象、陰陽、五行諸學說為基礎，認為人體是個小宇宙，要遵循「春生、夏長、秋收、冬藏」的四季法則，實現自身小宇宙與自然大宇宙的和諧統一，實現練養統一。

少林功夫十分重視內功，內功煉氣、煉柔勁，旨在行氣入膜，充實肌體，達到動顯於外，力抵千鈞，乃至不畏拳打腳踢、刀劈劍刺的境界，於內可祛病健身，保持精神清明、氣血健旺。

《少林拳法秘訣》開首即是「氣功闡微」，強調武功「要以氣為始終之則」。氣功有「養氣、煉氣」兩種說法，「養氣」屬於心意的鍛鍊，而「煉氣」講究姿勢、調息運氣，是一種在佛家禪功基礎上吸收道教及民間氣功而形成的武術內勁氣功。

少林功夫以禪宗思想和修持方法為基礎，對中國傳統的練氣、運氣方法進行了系統地綜合和整理，使內功煉氣與武術拳擊相為表裡，成為一個有機的整體。

先天之氣藏於腎，後天之氣源於呼吸和飲食。自古藥食同源，養生飲食以少林千百年素食經驗為基礎，歷經四代百餘年的總結提煉，兼顧習武練功的實際需要，合理搭配，品種多樣，可口怡人，既能保持精力充沛，又確保身心健康，有效清理腸道，降低內熱，去淤化滯，通氣活血。但是，藥療不如食療，食療不如心療，透過站樁、練拳、調節呼吸，有利於靜心定慮，實現身心和諧，從而在

積極狀態下實現人體的良性運轉。

少林內養功簡單易學，法簡效宏，能深度調節身心平衡，迅速改善體質，提升健康。藉由內功吐納、調息培元，使得氣血相和，臟腑相養，進而生精固本，產生養生祛病之效用。

科研證明，少林內養功對腸胃病、糖尿病、高血壓、關節炎等慢性高發病，對頸肩綜合徵、腰肌勞損、肌肉無力、肌肉僵化、神經衰弱、失眠、便秘等症狀，以及腎虛、陽痿、早洩、前列腺炎等男性性功能失調等都有輔助治療效果。

少林武術提倡快樂練功，量力而行，循序漸進，是人練功而不是功練人。正確修習少林功夫，體態多內斂清瘦，偶有體形飽滿者也不乏功深藝精者。實踐證明，少林武術下至三歲幼童，上至八十歲老翁都可以學練，對身心健康有益無害。

因此，少林武術是禪、武、醫的完美統一，是人類健康的無價法寶。

第二章
少林拳精華功法

第一節　少林站樁功

　　站樁，在中國武術體系中是一個重要組成部分。在歷代武術流派中都受到武者的極大重視，少林拳是以馬步樁為主要的樁式來修煉樁功。

一、馬步站樁功姿勢及方法（圖2-1至圖2-3）

　　馬步樁又稱騎馬蹲襠式，馬步樁要求兩腳分開、平正，不可內八字或外八字，間距約一腳長，兩腳要有內含

圖2-1

圖2-2

圖2-3

十趾抓地之意。兩腿分開基本與肩同寬，也可略寬於肩，屈膝下蹲。

兩掌相對，與臉同寬，手腕部要外頂內夾，但不能折腕。十指要撐開、微曲，拇指也要微曲，虎口撐圓，掌心微凹內吸。目不斜視，頭上頂，保持中正，內含頂拔勁。要求鬆腰鬆胯，沉肩墜肘，圓襠斂臀，含胸拔背，即脊柱後撐、心窩內裹，嘴要微閉，氣貫丹田，以鼻呼吸為最佳。

站馬步樁時應調整呼吸，使呼吸勻長自然，周身放鬆，內氣自然下貫，貫至足尖和手指尖，全身有熱感和流動感。

練習的時間要逐漸增加，根據自己的身體情況量力而行，要自己掌握和控制時間，感覺輕鬆自然，則腿足強勁有力、穩重，氣血暢通。

二、馬步站椿功修煉功效

1. 身體發熱出汗

剛開始站椿時，會感覺熱氣逐漸彌漫於腰胯、小腹、背部以及周身四肢。隨著時間的增加，體溫升高，熱能通達全身，暢及四肢，周身皮膚毛孔打開，透出微汗即可，以汗透毛皮為度，此可治療傷風感冒。

2. 增加唾液，健全脾胃

站椿入靜後，面鬆、齒微叩、舌微捲頜，這時唾液自然增加，如清泉甘甜，可緩緩吞下，具有助消化之功效。

站椿放鬆入靜，可健全脾胃，強固消化系統機能，使胃腸蠕動功能加快產生腸鳴，發動胃氣，如打嗝呵氣等現象，使腸胃無病。

3. 降低血壓，強健心臟

站椿入靜後，呼吸緩和，血壓降低，神經鬆弛。體鬆意靜後，可以增加心臟氣血的回流量和上身各部的氣血通量，減輕心臟負擔，增強心力，心臟機能得以休息，有利於改善微循環。此時腦內垂體內分泌活動均衡，淋巴腺激素、甲狀腺素、腎上腺素分泌正常。

4. 打通經絡，延緩衰老

站椿入靜後，周身的經絡通順，氣血調和，陰陽平

衡，氣脈通暢無滯，五臟六腑、四肢筋骨及經脈以至末梢神經無不貫到，體內氣血兩旺。人所以衰老主要是因為細胞新陳代謝功能衰退，骨髓乾枯，分泌激素不足所致，站樁功可自生激素，旺盛內分泌，充實骨髓，活潑中樞神經，鼓蕩血氣，增強生命代謝功能，旺盛精神，永葆青春。

5. 能磨鍊人的意志品質

練習馬步站樁功的初期，往往是腿足腰胯有酸痛感，出現腿抖腿顫的現象，感覺身上火燒火燎，一時不易堅持，經過一段時間的努力則會覺得有輕鬆之感，其酸痛的現象也就會逐漸消失，若能堅持練習便可磨鍊意志。

6. 建立合理拳架

樁功不僅修煉內意、內勁，還可以建立合理的拳架，服務與實戰搏打中，具體表現為打不壞、拆不散的高穩定性的間架結構。

7. 顯示強大功力

透過調整和保持特定的「上虛下實」的姿勢，機體內的力量傳導暢通無阻，可極大限度地發揮人體潛能。

8. 培養精神氣勢

透過馬步站樁功的修煉，達到調節精神，控制意識，養成一種如虎撲食、高度戒備、如臨大敵、一觸即發、百戰百勝的精神氣勢。

三、馬步站樁功的種類和要求

馬步站樁功分動樁法、靜樁法和變樁法三種。馬步站樁功從兩腳開距分，有大馬步樁和小馬步樁兩種，其中以小馬步樁較為常練。

具體的練習要求是：

1. 角　度

一般馬步樁高低又分為三級，屈蹲時大腿與小腿之間的角度即膝窩夾角為170度左右為高樁，膝窩夾角為130度左右為中樁，膝窩夾角為90度左右為低樁，可根據自身實際情況選擇練習。同時因高低樁的不同而運動負荷也有所不同，其中以低樁最強。

特別需要注意的是，上身要保持直立。

2. 放　鬆

站馬步樁時只有在合適的精神意識支配下做到最大限度地放鬆，才能有效地恢復先天之本能，加強自然力的培養。反之，鬆不下來，就站成了死樁，會僵化身體，適得其反。周身放鬆指「形鬆」和「神鬆」。「形鬆」是指全身肌肉、肌腱、韌帶、關節和肌體各內臟器官的充分放鬆。「神鬆」是指精神上的放鬆，也就是指大腦中樞神經系統的放鬆，但要做到「鬆而不懈，緊而不僵」。

因此，周身放鬆是精神集中和呼吸自然的基礎，目的是運用合理的意念使精神和形體達到最大限度地放鬆，克

服「僵」的所有表現狀態，繼而進入似鬆非鬆、似緊非緊、鬆中有緊、緊中有鬆的中間狀態，這便是鬆緊適度。「鬆緊緊鬆勿過正」，過鬆則懈，過緊則僵。

「懈」是指精神和形體一味地放鬆，失去了支撐張力、挺拔均整和中正圓合，只是舒適卻不得力。

「神鬆」的具體方法：站馬步樁時不要一味地追求快速出功，否則便會心浮氣躁。要把心態放好，既要根除慾望，又要不為煩惱、挫折、瑣事和困難所影響，始終要保持身心的平和舒暢。如果精神緊張，可以用「暗示法」「眼視法」或「耳聽法」來解決。

「暗示法」就是用語言在心目中自我暗示以控制緊張心理。「眼視法」就是兩眼暫時下視自己的下眼皮。「耳聽法」就是用兩耳細聽遠處的微風細雨的練功方法。

「形鬆」的具體方法：以似笑非笑的方法體會整體放鬆。眉頭舒展，面帶微笑，面部肌肉就放鬆了，其他肌肉相繼也會放鬆。以會陰為中心，向上提縮，如忍大小便狀，再向下放鬆，如此提放，則較易體會到襠胯、臀部的輕鬆和舒適。佛門說的「渡河需用筏，到岸不用船」，正是此意。

3. 入 靜

要選擇一個清淨、少干擾的環境進行馬步站樁功練習。如果聲音嘈雜，也應聽而不聞，鬧中取靜，這便是物靜。

常言所說：「形靜則神聚，聚神生氣，氣行血動，養氣蓄精，周身無病。形動則神散，神散則耗氣，損精而內虧」。所以說站樁時最重要的是講求心靜，所謂「物靜不

如身靜，身靜不如心靜」，心既靜，何慮物不靜？正如禪詩所云：「安禪未必需山水，滅卻心頭火自涼。」

入靜不是昏昏欲睡或沒有知覺之狀，而是指精神集中、雜念不生、心如止水、物我兩忘的天人合一狀態，也就是「內無身心，外無世界」的虛空忘我境界。此時，仍頭腦清醒，目尚能視，耳尚能聞，心尚能思，但能做到視而不見、聽而不聞、知而不慮，不受外界干擾，這就是站樁的「入靜」境界。

入靜的程度有深淺之別。姿勢自然舒適，呼吸柔和，情緒安定，心平氣和，精神集中，假借內容相對穩定，各種雜念相對減少，但沒有完全排除，此為「淺入靜」。外界干擾已不能感知，一切雜念消失，需要「耳不聞，目不視，口無味，鼻無嗅，形無形，意無意」，即「六根緊閉」，自覺恬淡虛無，無知無欲，心與虛空大氣融為一體，好像自身已不復存在，此為「深入靜」。站樁入靜的過程就是排除雜念的過程。因此，虛靈獨存，無念有覺，真空不空，無中含有，方為真靜。

入靜的由淺入深，就是意念的從「有」到「無」：有形無意（定形不定意）、有形有意（定形定意）、有意無形（得意忘形）、無形無意。在一次性站樁中，「無念」狀態的出現也是有反覆的，持續的時間也忽長忽短。隨著功境的加深，入靜的程度會自然而然地由淺入深，所謂不期然而然，莫知至而至，切勿人為追求，揠苗助長。神不外溢為清，雜念不生為靜。

清靜的功境為「內念不外遊，外緣不內侵」。練功

時，神不要離開自己的身體，思想上要做到「三不想」：
過去的事不回想，眼前的事不多想，將來的事不預想。

練功時，應內視（朝體內看）、內聽（兩耳聽體內變
化），體會樁功效應。要精神內守，不可散意於體外，離
開人體的意念誘導就是虛幻，也是雜念。內視要意注周身
（皮膚、肌肉、臟腑、骨骼），意注於腰（腎俞、命
門），而不是僅僅意注於手。對各種效應要順其自然，來
者不拒，去者不留，不要守著效應不放，要做到似有感
受，似無感受。站樁站至高深階段便什麼都沒有了，「內
無身心，外無世界」。

練功不求功，功在其中，練功求功，反而不出功。因
為「求功」就不是「清靜無為」了。人只有在「清靜無
為」的境界中才能領悟本來真性。

4. 自 然

主要是指呼吸自然。自然呼吸像平時一樣，處於自然
狀態，不要人為調整。呼吸的狀態有四種情況：一為風，
二為喘，三為氣，四為息。

練功中鼻呼吸有聲音為風相；呼吸雖無聲音，但出入結
滯不通為喘相；呼吸雖無聲也不結滯，但出入不細不勻為氣
相；出入綿綿，若存若亡，不知不覺，勻靜自然為息相。

站樁時為了讓呼吸自然形成深、長、細、緩、勻的狀
態，需要注意以下幾點：

（1）心靜體鬆息自調

清趙晴初《存存齋醫話》「息調則心定，心定則息

調」。練功時，不要注意自己的呼吸，最好是忘掉自己的呼吸，心靜下來後，呼吸便不調而自調。呼吸要不失常態，但要求比平時柔和一些，這就是自然呼吸。以鼻呼吸，從自然呼吸開始，在順其自然的基礎上，便可逐漸形成「腹式呼吸」。

一般形態是「腹式順呼吸」，即吸氣時橫膈膜逐漸下降，腹部逐漸鼓起，呼氣時橫膈膜上升，腹部逐漸收縮至原位，稍顯下凹。呼吸高度柔和時，腹部幾乎不動，吸氣綿綿，呼氣微微，呈似有若無、不知不覺之狀，這就是臍呼吸，古人稱此為「胎息」「止息」。

（2）注意胸虛腹實

「胸虛」就是胸部放鬆，做到空靈。「腹實」就是膈肌和小腹放鬆。這樣，氣就自然下行入腹，使腹充實、盈滿，此即「腹實」之意，也即小腹鬆圓之意。站樁時，褲帶要鬆一些，以利於氣的下行，從而保證呼吸順暢無阻。

（3）注意毛髮放大

《修習止觀坐禪法要》闡述調息的具體方法，認為一是靜，二是鬆，三是「想氣遍毛孔出入，通同無障」，就是默想呼吸從周身毛孔出入，此即體呼吸。「毛孔」即「汗孔」，它不但有排泄汗液的作用，而且隨著肺氣的宣發和速降有進行氣體交換的作用，故古代醫家稱之為「氣門」。

四、馬步樁修煉點撥

站樁是個寶，拳家離不了。過去有「入門必練三年樁」的說法。站樁功是中國武術獨特的訓練方法，訓練方

式、訓練效果堪稱極致無比。樁功乃百功之母，沒有堅實的樁功基礎，就沒有傳統武學出神入化的境界。站樁功絕無捷徑，也無速成。只有持之以恆，在站中求功。俗語說，功到自然成。

（1）透過不斷增加練功時受力的強度，加大靜支撐力度來增強內臟的功能，以及肌肉的力量和承受力。

（2）站樁時側重於意念和假想來增加功力。兩者是一個完整的統一體，分、合隨意進行練習，達到內強外壯的目的。

（3）透過馬步站樁功這種靜態形式來進行內在的呼吸調整，運用意念來調動氣血運行，體現出少林拳力量由內到外、以意生力、以氣催力的風格特點。

（4）站樁功的重要目的之一就是求取勁力，特別是對身體打開十二大關節（雙腕、雙踝、雙肘、雙膝、雙肩、雙胯）、拉開24塊椎骨（頸椎、胸椎、腰椎）的鍛鍊效果更加突出，可將僵化的肌肉變得富有彈性，可將身體局部之力練就成整合之力。整合傳導重心之力至攻擊部位，受擊者卻有如受重力擊穿之感，普通人血肉之軀，根本不堪受此一擊。

（5）站樁中注意保持身體成為「一條線」的狀態，這一條線是指：百會穴—膻中穴—下丹田穴—會陰穴。這四個穴位在站樁中都必須始終保持在一條直線上，這樣容易使身體徹底地放鬆。

（6）站樁要「懸頂」。「懸頂」的外在表現為，站樁者頭部自然正直，頸部肌肉舒伸而柔軟，頸椎上挺而無

僵勁，頭直項豎，引領全身虛靈挺拔。脊椎骨節與骨節之間處於微微牽拉狀態。整個脊柱自上而下有頸椎7塊、胸椎12塊、腰椎5塊、1塊骶骨（由5塊骶椎「融合」在一起）和1塊尾骨（由4塊尾椎合成）。

（7）站椿不過是為了打拳時腳下有根。殊不知站椿的根本目的在於，經由長期刻苦的練功，使全身從上到下、由裡到外徹底地鬆下來，體內不著絲毫拙力。

（8）體會「四上一下」，即百會上領，舌抵上齶、會陰上提、腳心上提、尾閭下垂，使周身上下氣機平衡、和暢，然後開始定式站椿。

（9）椿功鬆腰可使腰部靈活，一方面可增強腎的功能，使人元氣充足，此即古人謂「命間源頭在腰隙」之意；另一方面，腰部放鬆，可使氣血流通。古人說「力發於足，主宰於腰，形於四肢」，又說「力由脊發」，若腰部不能放鬆，是達不到此境界的。

五、修煉馬步站椿功的誤區

1. 直膝挺立

練習馬步站椿功時應稍微屈膝蹲身，即使是高定位站椿亦應如此。如果直膝挺立就不是馬步站椿功了，且直立站椿容易疲勞，不耐久，時間長了容易引起小腿部靜脈曲張。站完椿功後，可用雙手從前胸往下推拿幾次，按揉丹田幾圈，可順時針、逆時針揉。然後雙手叉腰，按揉命門，從腰部向後、向下推拿幾次，一直推到尾骨。最後，

十指梳頭，上下叩齒，再搓雙手和臉，然後收功。

2. 稍蹲即起

初學者一般懼怕兩腿酸痛，往往一蹲即起。其實這樣做只是白費時間而不出功，而且也有悖於馬步站樁功要領。若襠部不做程度不同的撐圓就談不上是在練馬步站樁功；凡兩膝不屈，兩腿不蹲，絲毫無騎馬之勢，就失去了馬步的意義。如遇身體病弱，可適當降低標準，把架勢放高些，時間縮短些。

3. 時間超長

剛開始練習馬步站樁功時，時間不宜過長，「站樁時間越長越好」的說法是錯誤的，其結果只會使人勉強硬撐而致偏差。其實，練習時間可以漸漸增加，感覺全身舒服，氣血流暢，神清氣爽，悟思慧達，增功添力，此為正常的功感。一般初學時，應從2～3分鐘開始站起，並逐漸遞增。比如，第一個月內增至5分鐘，第2個月內增至10分鐘，第3個月內增至15分鐘。三個月後就可按照個人的情況而靈活掌握站樁時間了。

4. 面壁而站

有些人練習站樁時喜歡面壁而站，其實這種做法弊多利少。因為目前練功環境不可能絕對的安靜，而牆壁能反射聲波，因此，面壁時身體距壁較近，閉目入靜時，外界的干擾會通過聲波反射，往往容易使練功者受驚而致偏

差。其實，站樁面向哪裡有很多選擇，可以面向太陽升起的方向，或背向太陽；也可以選擇自己習慣或喜歡站的方向。最好選擇有山、有水、有樹、有花草的環境優美、空氣新鮮的地方。

5.功夫＝樁功

將站樁功奉為神明，認為功夫沒有練到家，肯定是樁功沒站好，其實這是一個誤區。站樁功是少林武術訓練的一個組成部分，但絕不是全部，更不能代替其他訓練。

站樁功只是解決了搏擊所需的一部分技術要求，如果不進行專門的技術訓練和實戰的磨鍊，要想在搏擊中克敵制勝是辦不到的。

第二節　少林抻筋功

少林抻筋功是一套優秀的健身強身功法，能改善身體的狀況，延緩身體器官的衰老，促進血液循環，減少體內脂肪堆積，特別是對練習者的柔韌性、靈敏性、平衡能力、拳勢勁力及周身經絡都有明顯的鍛鍊效果。故有「寧讓筋長，不讓肉厚」「筋長一寸，力增三分」「筋長壽長」之說。此外，抻筋功的修煉，可以提高人的精神風貌，美容養顏。俗話說，練力量就像吃了興奮劑，練抻筋就像是做了美容術。

本套少林抻筋功包括前、後、左、右、上、下等六個方位的練習內容。

1. 前後抻筋

練習者兩腳開步，自然站立，兩手臂自然下垂於身體左右兩側，上體中正，目視前方。接著雙腳蹬地，兩手臂由前向後緩慢擺臂，同時身體向後緩慢弓身至極致，進行體前側的抻筋練習；然後兩手臂由上向體前緩慢下擺至兩腳中間，同時身體向前緩慢弓身至極致，進行體後側的抻筋練習。此動作一起一落為1次，連續做12次。（圖2-4至圖2-8）

圖2-4

【要求】起勢時體鬆意靜，向後抻筋和向前抻筋時都

圖2-5

圖2-6

圖2-7　　　　　　　　　　　圖2-8

要均長緩慢地吸氣，至極致時再呼氣，氣息與動作要配合一致。向後抻筋時意想周身前側的筋腱拔長拉伸，向前抻筋時意想周身後側的筋腱拔長拉伸。

2. 左右抻筋

　　練習者兩腳開步，自然站立，兩手臂平舉與肩平，接著兩手臂上擺至頭上方，左手變拳，右手抓握左手腕，雙腳蹬地，身體向右側緩慢倒身至極致，進行體左側的抻筋練習；然後身體緩慢直立，左拳變掌抓握右手腕，身體向左側緩慢倒身至極致，進行體右側的抻筋練習。此動作一左一右為1次，連續做12次。（圖2-9至圖2-11）

　　【要求】起勢時體鬆意靜，向左抻筋和向右抻筋時都要均長緩慢地吸氣，至極致時再呼氣，氣息與動作要配合一致。向右抻筋時意想體左側的筋腱拔長拉伸，向左抻筋時意想體右側的筋腱拔長拉伸。

圖2-9

圖2-10　　　　圖2-11

3. 上下抻筋

練習者兩腳開步，雙膝下蹲，雙手臂平舉與肩平，接著雙手臂下按於左右胯處，同時腳跟拔離地面，雙腳掌蹬地，身體緩慢上挺至極致，

圖2-12

頭部上領，進行周身筋腱向上的抻筋練習；然後雙腳腳跟落地，雙手臂體前平舉與肩同寬，雙腿屈膝臀部下坐至極致，雙手臂上頂，進行周身筋腱向下的抻筋練習。此動作一上一下為1次，連續做12次。（圖2-12至圖2-17）

圖2-13

圖2-14

圖2-15

圖2-16

圖2-17

【要求】起勢時體鬆意靜，向上抻筋和向下抻筋時都
要均長緩慢地吸氣，至極致時再呼氣，氣息與動作要配合
一致。向上抻筋時意想周身的筋腱向上拔長拉伸，向下抻
筋時意想周身的筋腱向下拔長拉伸。

第三節　少林揉身功

揉身功被譽為少林奇功秘法，功法簡易，功效宏大。
揉是以掌按筋肉，左右旋轉；摩是以掌按筋肉，上下游
動。此功可以強身健體，祛病療疾，還可以強功增勁，抗
打抗踢，是不可多得的珍品功法。

一、揉身功練習方法

1. 揉身功預備式

身體自然站立，兩手臂自然下垂於身體左右兩側，接著左腳側開步，與肩同寬，雙手臂稍側展，雙眼微閉，呼吸自然，意念內守，周身鬆暢。（圖2-18、圖2-19）

【要求】此式是行功準備的姿勢，須每次靜站5～10分鐘後再進行下一式的練習，旨在收斂雜念，專注揉身，調理意念專注度。預備式應頭領周身，四肢及脊柱骨鬆沉墜。

圖2-18

圖2-19

2. 前揉身功法

由預備式開始。雙手臂屈肘疊壓在腹部，左手在內，

右手在外，接著由下向上逆時針經過腹部、左胸、右胸揉
摩，同時身體隨著雙手的揉摩上下起伏隨動，揉摩軌跡由大
圓至中圓，再至小圓，共揉摩36圈。（圖2-20至圖2-25）

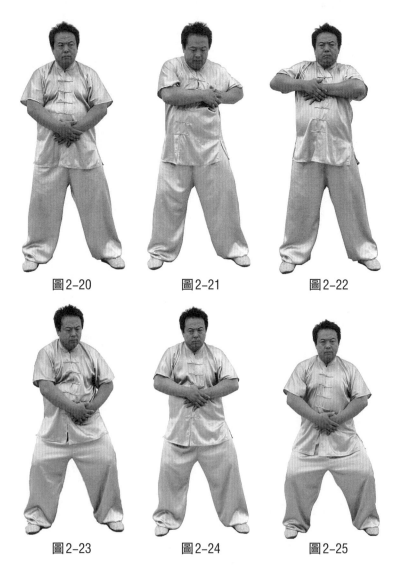

圖2-20　　　　　　圖2-21　　　　　　圖2-22

圖2-23　　　　　　圖2-24　　　　　　圖2-25

【要求】可逆時針、順時針雙向練習。揉身的起止點要在同一位置，初練時雙手可輕輕揉摩，隨著功夫的加深，雙手的揉摩力度要加大，直到極致。練習時要呼吸自然，意想五臟六腑強壯無比，上體氣血充盈。

3. 後揉身功法

由預備式開始。雙手屈肘後盤於背，右掌掌背貼於後腰，左掌掌背貼壓於右掌掌心，接著由右向左小圓順時針揉摩，同時身體隨動，共36圈。（圖2-26至圖2-29）

圖2-26

圖2-27

圖2-28

圖2-29

【要求】可逆時針、順時針雙向練習。初練時雙手可輕輕揉摩，隨著功夫的加深，雙手的揉摩力度要加大，直到極致。意想兩腎氣血充旺，腎強體壯。

二、練習揉身功注意事項

（1）身體有外傷者不可練習。

（2）過饑或過飽者不可練習。

（3）練習揉身功時，精神和氣息都要集中在手掌上，不能分神岔意，雙掌的揉摩力度由輕淺至重深，應循序漸進。

（4）在行功結束時，由深呼吸和肢體的抖擺進行身體的放鬆，然後收功。

第四節　少林強耳功

拳語講：「耳能在靈」「耳為聲之探」。耳功根歸於心，心靜則自聰。在技擊、健身中，耳之功效甚大。少林拳實戰時耳不僅可以聽八方之動靜，而且還能探知對手之虛實。

中醫認為「腎開竅於耳」，滋腎水，固精氣。耳為宗脈之所聚，十二經脈皆通於耳，透過各種方法刺激耳朵的經絡與穴位，就可以激發身體的潛能，調整臟腑機能。所以練習耳功也可以疏通經脈，平衡陰陽，起到調和氣血、強身健體、延年益壽之功效。

一、耳功訓練方法

（1）取坐式，身體中正自然，體鬆意靜，二目垂簾，口齒微閉，念動專一，雙手上下相疊於小腹前（左上右下），意守丹田1～3分鐘。隨後，用兩手輕按左、右耳朵，每次練習50～100次。

（2）在室內懸掛兩枚古銅錢，高與耳平，面對銅錢而立，周身放鬆，凝神調氣，靜立1～3分鐘；然後，以手撥動銅錢，使之在耳旁來回懸擺，靜聽其音。習練一段時間後，可背對懸錢而立，聽其擺動之聲。長久練習，功必精深，耳聰體靈。每次練習20～30分鐘。

（3）可選擇夜深人靜的時候，獨進曠野，探聽萬物之音，聽其聲響，辨其方向。長久進行這種練習，必可使耳聰腦靈。每次練習20～30分鐘。

（4）身體站立於單槓旁，槓上懸掛一根竹竿，使其來回擺動。練功時背向竹竿站立，聽其擺動時風聲的遠近急緩，遠者則無聲，近者則能聞，急來者風大，緩來者風小。練習一段時間後，便可以收到「耳聽八方」之效。每次練習20～30分鐘。

（5）兩腳開步站立，兩手臂自然下垂於身體兩側，雙眼微閉，身體放鬆，意念靜守，呼吸自然。意想用左、右耳螺旋式地遠近或平圓纏繞，去聽身體周圍環境的微細聲響，如風聲、樹葉擺動聲、人的走動聲等。每次練習20～30分鐘。

（6）兩腳開步站立於場地中間，兩手臂自然下垂於

身體兩側，雙眼微閉，身體放鬆、意念靜守，呼吸自然，四周站2～3名同伴進行分離式地做各種步法和攻擊法的訓練。用左、右耳聽同伴遠、近變向的步法移動聲響；讓同伴徒手出招發力，聽其拳打、腳踢及呼喝聲；讓同伴手持器械在你的身體周圍揮舞，聽其響聲及身體四周空氣的流動聲等，並意想躲閃、化解同伴的進攻。每次練習20～30分鐘。

（7）兩腳開步站立於場地中間，四周站2～3名同伴用小皮球依次對你進行投擊。可利用眼、耳來做判斷，並快速移動步法躲閃來球。每次練習10～20分鐘。

（8）兩腳開步站立，首先用左、右掌按扶在左、右耳上，做前、後推揉練習，然後用左、右手食指點壓左、右耳道口小軟骨練習，最後用左、右手食指捅塞左、右耳道練習。每法各練習50～100次。

（9）用右手由頭頂上方牽引左側耳郭，同時用左手向下拉扯耳垂，反之，再用左手由頭頂上方牽引右側耳郭，同時右手向下拉扯耳垂。每法各練習50～100次。

二、耳功訓練要點

（1）練功場地宜選擇在四周幽靜、空氣清新處。

（2）練功時要排除雜念，專心靜聽。

（3）耳操手法須輕柔、連貫，力度適宜。

（4）進行躲物練習時要做到循序漸進，不能操之過急。

（5）耳與眼要互補齊用，眼視不及以耳聽補，耳所

不及以眼視之。

三、耳功健耳妙法

1. 提拉耳垂法

雙手食指放耳屏內側後，用食指、拇指提拉耳屏、耳垂，自內向外提拉，手法由輕到重，牽拉的力量以不感疼痛為限，每次3～5分鐘。此法可治頭痛、頭昏、神經衰弱、耳鳴等疾病。

2. 手摩耳輪法

雙手握空拳，以拇、食二指沿耳輪上下來回推摩，直至耳輪充血發熱。此法有健腦、強腎、聰耳、明目之功，可防治陽痿、尿頻、便秘、腰腿痛、頸椎病、心慌、胸悶、頭痛、頭昏等病症。

3. 提拉耳尖法

用雙手拇、食指夾捏耳郭尖端，向上提揪、揉、捏、摩擦20次，使局部發熱發紅。此法有鎮靜、止痛、清腦明目、退熱、抗過敏、養腎等功效，可防治高血壓、失眠、咽喉炎和皮膚病。

4. 搓彈雙耳法

兩手分別輕捏雙耳的耳垂，搓摩至發紅發熱，然後揪住耳垂往下拉，再放手讓耳垂彈回。每天兩三次，每次20

次。此法可促進耳朵的血液循環，有健腎壯腰之功效。

5. 全耳按摩法

雙手掌心摩擦發熱後，由前向後按摩耳正面，再由後向前反折按摩耳背面，反覆按摩20次。此法可疏通經絡，對腎臟及全身臟器均有保健作用。

第五節　少林健身功

1. 常梳頭

清晨用雙手十指由前向後梳頭100次，可明目清神，活血通氣，健髮益智。頭是五官中樞神經所在地，經常梳頭，能改善頭部血液循環，明目聰耳，緩解頭痛，預防高血壓、中風等疾病。

2. 常洗面

睡醒時搓熱兩手，用中指沿鼻部兩側自下而上，帶動其他手指擦到額部，再向兩側分開，經兩頰而下，共搓擦36次。可醒腦、降壓，活氣通血，除皺祛斑，使面色紅潤。

3. 常旋眼

端坐凝神，頭正腰直，兩眼向左旋轉36次之後，向前注視片刻，再向右旋轉36次，向前注視片刻。可去內障外

翳，防治眼疾，保護視力。

4. 常揉鼻

雙手中指從睛明穴往下捋到鼻孔兩側迎香穴處，擠揉數下，再往上捋，反覆36次。可防治鼻塞和傷風感冒。

5. 常彈耳

兩手掌心掩耳，將食指壓在中指上，用食指滑彈後腦部，共24次。可健腦、增強記憶力，防治頭暈耳鳴。

6. 常閉口

每日經常閉口調息，舌舔上頜，用鼻呼吸，可疏通經絡氣血。

7. 常叩齒

心靜神凝，口齒輕閉，然後上下齒相互叩擊36次。可固齒健腎。

8. 常摩腹

兩手搓熱相疊，掌心放在以肚臍為中心的腹部，自右向左，按順時針方向旋轉摩腹12圈。可健脾、順氣、消積，防治便秘。

9. 常伸肢

右腿前伸，兩臂前伸，連同兩肩向前掄轉，如搖轆轤

狀，掄轉24圈；再將左腿向前伸，兩臂前伸，如放轆轤狀，回轉24圈。然後兩手叉腰，先右腿後左腿，相互交替，腳尖向前，腳面繃直，向前踢8次。可活動肩、腰、四肢關節經絡。

10. 常提肛

在吸氣時，稍用力，撮提肛門連同會陰上升，稍後再呼氣放肛，反覆做5～7次，能升提陽氣。

11. 常搓足

睡覺前洗腳後，將兩手搓熱，然後搓足心湧泉穴50～100次。可降腎臟虛火，舒肝明目，改善睡眠。

12. 常乾浴膚

兩手搓熱，搓擦周身的皮膚，先從頭頂的百會穴開始，依次面部、左右手臂、胸腹部、兩肋、前腹後腰，再到左右腿，可使全身氣血流暢，肌膚光瑩，舒筋活血，有益健康。每次20～30分鐘。

13. 常暖背

保持腰背溫暖，以免風寒濕邪入侵。每天拍打腰背各36次，固腎強腰，提高抗病能力，可防感冒。

14. 常護胸

經常用手自上而下摩擦胸部，可寬胸理氣，增強心肺

功能。

15. 常咽津

閉口鼓腮，用兩腮和舌做漱口動作36次。漱口時，口內多生津液（指口水），將津液分3次慢慢咽下。津灌五臟六腑，益腎益脾，潤澤肢節毛髮。

16. 常呵濁

心靜平坐，用鼻吸氣，鼓動胸腹部，待感到胸腹部氣滿時，緩緩張口呵出濁氣，如此吸呵9次，可消積聚，去胸膈滿塞。

17. 常靜心

排除雜念，靜以養心，可調氣養神，清醒頭腦。

18. 常存神

取坐姿或立姿，閉目，雙手疊放於丹田，緩慢呼吸，暗想水穀之精氣始於心，行於腦，循環全身回到心，可益氣養神，避免為七情所傷。

第六節　少林養生功

一、養生「四戒」

1. 戒 疑

猜疑是一種不正常的心理狀態，有礙身心健康。疑心重的人缺乏應有的安全感，心理壓力較大，會誘發各種身體疾病。猜疑容易使人陷入迷惘，混淆敵友，在主觀上往往設定他人對自己的不滿，無中生有，容易造成人際關係的緊張和惡化。有時甚至喪失理智，形成攻擊性的病態人格，對他人極其對抗，害人害己。

2. 戒 妒

嫉妒容易使人得身心疾病，使大腦皮層功能紊亂，引起人體免疫系統的功能下降，使人體抗感染的抵抗力下降。嫉妒心強，就會情緒不良，脾氣急躁，從而導致人際關係緊張。

3. 戒 傲

一個驕傲的人常常會自以為是，認為天下老子第一，拒絕別人的忠告和幫助，令周圍的人對他敬而遠之。

驕傲的人常常自命不凡，固執己見，因此有時會對客觀事物失去正確的判斷。

4. 戒 愁

憂愁和焦慮是生命的頭號殺手。中醫養生學認為，憂思傷脾，過度的憂愁會傷及脾胃的消化吸收功能，會對身體機能造成損害。一個人整天生活在憂慮之中，還會出現頹喪、緊張、憂鬱的情緒，會使人意志消沉，缺乏力量，甚至失去鬥志。

二、養生「四少」

1. 少 鹽

鹽是機體不可缺少的成分，但攝入過多的鹽會加重心、腎等器官的負擔，還會使高血壓患者的血壓更高，從而危及生命健康。

2. 少 糖

中國人的糖類消耗量平均水準並不高，但城鄉和家庭之間差異極大，不少地方兒童嗜糖者為數不少。偏高的糖攝入會使人體熱量過剩，引發肥胖等惡果。

3. 少 油

攝入過多的油脂，往往很難被人體吸收，會堆積在體內，導致肥胖，引發脂肪肝、高血脂、動脈硬化等心腦血管疾病，甚至有致癌的危險。

4. 少 酒

少量飲酒對身體有益，嗜酒醉酒則對身體有害。長期嗜酒還會引起酒精中毒、大腦和神經系統麻痹。

三、養生「四通」

1. 大便通

「腸道不通，百病叢生」「若要長生，腸中常清」，這是真理。中醫認為，「邪去則正安」，若大便不通，飲食中的營養消化吸收之後，產生的糞便以及氨、硫化氫、吲哚、糞臭素等廢物與毒素則不能及時排出，導致重吸收增加，加重對身體的危害。

2. 小便通

應該養成不弊尿、有尿就排的好習慣。人體新陳代謝的有害物質肌酐、尿素氮等，都是從尿中排出，如果不及時排尿，有害物質長時間滯留在體內，輕者引起泌尿系統感染、尿失禁，重者會誘發腎結石與尿路結石、癌症，甚至脹破膀胱。

3. 汗腺通

排汗不僅是排出廢物，也是調節體溫和代謝的重要方法。因此，一定要保護好皮膚，做到勤洗澡，並適當多喝水，預防各種皮膚病，維護皮膚的正常排汗功能。

4. 血管通

血管是供給全身血液營養的交通要道，若血管硬化、狹窄不暢通，甚至血栓形成阻塞心腦血管，則會誘發各種心腦血管疾病，甚至會導致猝死。

若想保持血管柔軟通暢，其關鍵是控制好飲食，做到低脂、低鹽、低糖、低膽固醇，並適當多吃洋蔥、香菇、黑木耳、山楂等有降脂、降壓和通脈作用的食品。此外，注意多飲水，保持平和樂觀的心態也很重要。

四、養生「四魔」

健康是人生的第一大財富，養生是獲得健康的重要手段，但干擾破壞養生的因素很多，其中最大的干擾因素是酒、色、財、氣，統稱為「四魔」。

古人云：「酒色財氣四道牆，人人都在裡面藏。只要你能跳過去，不是神仙也壽長。」還有歌謠曰：「酒是穿腸毒藥，色是刮骨鋼刀，氣是下山猛虎，財是惹禍根苗。」

1. 酒

酒精能麻醉人的大腦皮質，輕者會使人舉步不穩、語無倫次、如瘋如癲，重者面色蒼白、血壓下降、昏迷、大小便失禁，甚至因呼吸和循環衰竭而死亡，成為「酒魔」的犧牲品。如果逢酒必醉，久而久之，就會導致慢性酒精中毒，使身體各器官受到損害，記憶力和判斷力下降，易引發胃與十二指腸潰瘍、脂肪肝、肝硬化、肝癌、冠心病、

高血壓等。當然適量飲酒有暢通血脈、活血散淤、祛風散寒之功效。可以說,酒是一把雙刃劍,少則宜,多則害。

2.色

色是指對異性的情慾。古人云「淫聲美色,破骨之斧鋸也」,名醫孫思邈說「恣意情慾,則命同朝露也。」一個人若縱慾貪歡,輕則體弱腎虧,未老先衰,重則諸恙纏綿,壽短命折。古代君王之所以極少高壽者,與其荒淫無度的性生活是有很大關係的。

3.財

人生在世,財是身外之物,生不帶來,死不帶去。古人云:「君子愛財,取之有道。」一個人如果整天挖空心思為自己謀算,終日為錢財苦思冥想,唯利是圖,不擇手段,或貪污受賄,或巧取豪奪,甚至圖財害命,其心境就會經常地處於緊張、內疚、自責、懺悔和恐懼狀態,而這些精神負擔和異常情緒,必然會影響人的正常生理代謝,降低人體的免疫能力,導致百病叢生,喪志折壽。

4.氣

氣和養生關係最密切,危害也最直接。《內經》指出「百病生於氣矣」。常言道:「氣大傷身」,這句話很科學。一個人如果經常生氣動怒,甚至暴躁如雷,就可能會因怒而氣亂,使心神無主、陰陽失調、氣血不和、經絡阻塞、臟腑功能紊亂而致病。

第三章
少林拳套路展示

第一節　少林拳動作名稱

起 勢

1. 開步抱拳（羅漢觀陣）
2. 開步衝拳（雙龍出水）
3. 上步翻打（畫眉上架）
4. 獨立衝拳（武松單臂）
5. 仆步穿拳（平沙落雁）
6. 弓步勾打（獅子開口）
7. 虛步劈掌（力劈華山）
8. 弓步攢打（單風貫耳）
9. 蹲步抱肘（金龍抱柱）
10. 弓步頂肘（烈馬撞槽）
11. 跳步掐指（黃鶯鎖喉）
12. 架掌蹬踢（野馬尥蹄）
13. 馬步衝拳（黃忠放箭）
14. 震腳砸拳（響雷震天）
15. 弓步雙打（僧人撞鐘）
16. 蓋步托掌（天王托塔）
17. 馬步雙推（黑虎攔路）

18. 馬步絞打（浪裡翻沙）

19. 丁步截拳（**金雕分翅**）

20. 弓步靠臂（二郎擔山）

21. 弓步推掌（金剛斷碑）

22. 獨立推掌（仙人指路）

23. 馬步靠肘（金魚抖鱗）

24. 擰步摔掌（鳳凰展翅）

25. 挑劈連環（就地取寶）

26. 弓步抻捶（霸王拉弓）

27. 衝拳彈踢（龍虎相爭）

28. 獨立掛打（立地金剛）

29. 併步劈拳（高祖斬蟒）

30. 摟手纏踢（僧人提鞋）

31. 俯身蹬踢（夜叉探海）

32. 轉身劈拳（泰山壓頂）

33. 撤步翻拳（金豹回頭）

34. 盤腿扣拳（金磚玉瓦）

35. 退步把手（倒拽牛尾）

36. 馬步磕臂（雄獅守門）

37. 歇步探掌（金龜探海）

38. 弓步雙勾（雙星捧月）

39. 歇步探掌（金龜探海）

40. 上步衝拳（韋陀獻杵）

41. 衝拳蹬腿（飛馬奔川）

42. 馬步抻捶（立馬開弓）

43. 轉身劈拳（吳王試劍）

44. 護手彈踢（浪子踢球）

45. 弓步架栽（武松打虎）

46. 挑掌彈踢（關公抖袍）

47. 扒手撐捶（金蛇探頭）

48. 震腳合臂（僧人閉門）

49. 弓步雙打（雙旗開道）

50. 提膝劈拳（樵夫砍柴）

51. 弓步架打（羅漢伏虎）

52. 回身劈拳（犀牛分水）

收 勢

第二節　少林拳動作說明

第一段

起 勢

兩腳併步站立，上體自然挺立，左右手臂下垂於身體兩側，目視前方。（圖3-1）

【要點】立腰沉肩，意念專守，呼吸自然。

圖3-1

1. 開步抱拳（羅漢觀陣）

左腳側開步與肩同寬，雙手握拳屈肘提抱於腰間，同時頭向左轉，目視左方。（圖3-2）

【要點】屈肘夾腰，雙腳趾抓地，抱拳轉頭，快脆一致，雙眼傳神。

2. 開步衝拳（雙龍出水）

左右腳開步不變，左右拳直臂向體前同時打出，雙手臂與肩同寬，拳眼向上，目視拳方。（圖3-3）

【要點】左右拳同打一致，快速有力，力達拳面。

正面　　　　　　　側面

圖3-2　　　　　　　　　　圖3-3

3. 上步翻打（畫眉上架）

身體稍右轉，左腳向體右前方橫蓋左步，同時右手臂屈肘由外向內翻轉，用右拳翻打於面前，且左拳變掌，屈肘橫壓於右肘下方，目視右拳方。（圖3-4）

【要點】蓋步翻打，協調一致，力達拳背。

4. 獨立衝拳（武松單臂）

右腳向體右側上步，左掌上挑，右拳回抽，接著左腳蹬地屈膝上提成獨立步，同時右拳向體右側打出，左掌回護於右胸處，目視右拳方。（圖3-5）

【要點】左挑右打，緊密快連，獨立衝拳，平穩有力。

圖3-4　　　　　　　　圖3-5

5. 仆步穿拳（平沙落雁）

右腿屈膝下蹲，左腿向左側直膝平插成仆步，同時左掌變拳由上向左下方穿出，拳心向下，右手臂隨動體側，目視左拳方。（圖3-6）

【要點】仆步穿拳突然，上體稍前傾，力達拳面。

6. 弓步勾打（獅子開口）

右腳蹬地向體前上步成右弓步，上體稍左轉，左拳變掌屈肘上架於頭上方，同時右拳屈肘勾打於面前，目視拳方。（圖3-7）

【要點】左架右勾，攻防一體，蹬地轉腰發力，力達拳面。

圖3-6

圖3-7

7. 虛步劈掌（力劈華山）

右腳蹬地回撤成右虛步，同時左掌直臂下劈於體前，右拳屈肘回拉於右腰處，目視左掌方。（圖3-8）

【要點】虛步、劈掌合一，揮臂擰腰發力，力達掌外沿。

8. 弓步摜打（單風貫耳）

右腳向前上步成右弓步，右拳由體側向體前擰臂摜打，同時左掌屈肘回護拍擊右小臂處，目視前方。（圖3-9）

【要點】移步快速，摜打有力，力達右拳背。

圖3-8

側面　　　　　　　　正面

圖3-9

9. 蹲步抱肘（金龍抱柱）

右腳蹬地回收左腳內側成蹲步，上體左轉，同時右臂屈肘內旋，抱肘於體前，且左掌豎拍右臂處，目轉視右方。（圖3-10）

【要點】屈膝沉臀，抱肘合掌，協調一致，含胸裹背。

背面　　　　　　　　　　正面

圖3-10

10. 弓步頂肘（烈馬撞槽）

右腳向前上步成弓步，身體稍右轉，同時右手臂屈肘向體前方頂擊，左掌助推於右拳面，目視肘方。（圖3-11）

【要點】步到肘到，蹬地擰腰，推掌發力，力貫肘尖。

圖3-11

11.跳步掐指（黃鶯鎖喉）

上體右轉，右腳尖外展回跳震腳，同時右拳變掌回抽腰間，左掌橫按於體前，接著左腳向前上步成左弓步，左掌下按於右大臂下，右掌變鷹爪經左掌上方向體前掐指，目視前方。（圖3-12、圖3-13）

【要點】跳步轉身疾速，按掌掐喉連貫，力達五指尖。

圖3-12

側面　　　　　　　　　正面

圖3-13

12. 架掌蹬踢（野馬炮蹄）

右爪變拳回抽於腰間，左掌屈肘上架於頭前方，同時右腿向前蹬踢，高於襠腹位，目視前方。（圖3-14）

【要點】左手臂向上滾架，蹬踢快猛，力達腳底。

圖3-14

13. 馬步衝拳（黃忠放箭）

右腳落步成馬步，上體左轉，同時左掌變拳回收腰間，右拳向體側平肩打出，目視拳方。（圖3-15）

【要點】馬步沉穩，轉腰送肩發力，力達拳面。

14. 震腳砸拳（響雷震天）

身體稍右轉，右腳回抽半步向下震腳，同時右拳回收於體左側後再與左拳同時在體前翻砸，目視拳方。（圖3-16）

【要點】雙手翻砸拳時要以腰帶拳，由左向右，震腳砸拳合一。

圖3-15

圖3-16

15. 弓步雙打（僧人撞鐘）

左腳向前上步成弓步，同時雙手向內翻擰並於體前打出，兩拳拳眼向上，兩臂寬於肩，目視前方。（圖3–17）

【要點】以步催拳，雙臂肘關節伸直，力達拳面。

第二段

16. 蓋步托掌（天王托塔）

上體右轉，左腳經右腳前橫蓋步，同時雙拳變掌由左向右托起，右掌在前，左掌在後，雙臂肘關節微屈，目視掌方。（圖3–18）

【要點】蓋步托掌協調一致，擰身轉胯發力，力達雙掌。

圖3-17

圖3-18

17. 馬步雙推（黑虎攔路）

右腳側上步成馬步，雙掌翻腕同時向右側推出，掌心均朝外，右掌高與肩平，左掌高與胸，目視掌方。（圖3-19、圖3-20）

【要點】馬步推掌沉身、旋腕發力，快爆急促。

圖3-19　　　　　　　　圖3-20

18. 馬步絞打（浪裡翻沙）

右掌在上，左掌在下，依次於胸前立繞絞圓，右腳側跨移步成馬步，同時右手變拳向上勾打，且左掌橫拍右小臂處，目視拳方。（圖3-21、圖3-22）

【要點】雙手絞繞成立圓，勾打拍臂相合一致，力達拳面。

圖3-21　　　　　　　　　圖3-22

19. 丁步截拳（金雕分翅）

左腳微屈膝，右腳回點左腳內側成丁步，左掌變拳，同時與右拳上下分截於體側，左拳高於頭位，右拳低於胯位，目視右方。（圖3-23）

【要點】左臂上挑，右臂下截，齊動一致，沉身撐臂。

正面　　　　　　　　　側面

圖3-23

20. 弓步靠臂（二郎擔山）

身體稍右轉，右腳上步成右弓步，同時左右手臂回收體前，右手在上、左手在下，由內向外分臂，目視右拳方。（圖3-24）

【要點】右手臂斜上方與左手臂斜下方同時發力，形成剪刀之力，擰腰轉肩助力。

圖3-24

21. 弓步推掌（金剛斷碑）

雙腳右弓步不變，雙拳變掌，左右掌依次向前立掌推出，同時另一手回收腰間，目視掌方。（圖3-25、圖3-26）

圖3-25　　　　　　圖3-26

【要點】推掌連環快猛，轉腰送肩，沉腕發力，力達掌外沿。

22. 獨立推掌（仙人指路）

右腳蹬地屈膝上提成獨立步，同時左掌直臂立掌向體前推出，且右臂屈肘回收腰間，掌心向上，目視左掌方。（圖3-27）

【要點】提膝推掌同動一致，送肩擰腰發力，力達掌根。右腳尖繃展護襠，支撐腳抓地穩固。

23. 馬步靠肘（金魚抖鱗）

上體左轉，右腿前落步成馬步，同時右掌變拳屈肘橫擺靠擊，且左掌抓拍右腕處，目視右肘方。（圖3-28）

圖3-27　　　　　　　　　圖3-28

【要點】沉身轉腰抖臂發力，勁力合整，拍抓手腕響亮，拱背含胸。

24. 擰步摔掌（鳳凰展翅）

上體向右後方擰轉180°，右腳尖外展，左腳跟拔離地面，同時雙手由下向上開臂摔掌，雙掌高與肩位，目轉視右掌方。（圖3-29）

【要點】左右腳蹬擰地面，與擰身摔掌一氣呵成，開胸展臂發力，力達雙掌背。

圖3-29

25. 挑劈連環（就地取寶）

身體左轉，左腳上步成左弓步，左掌下按，右掌向前挑掌，同時左掌擊拍右小臂，接著身體重心後移，身體向右轉，右掌向右揮拍右大腿面，左掌跟拍左大腿面；左右

081

腳蹬地，前後互換跳步180°成斜馬步，右掌向體前下劈，左掌隨拍擊右小臂，目視右掌方。（圖3–30至圖3–34）

【要點】掌法連貫，轉腰跳步合整，挑劈掌運行軌跡成立圓。

圖3–30　　　　　　　　圖3–31

圖3–32　　　　　　　　圖3–33

圖3-34

26. 弓步抻捶（霸王拉弓）

　　身體重心前移，雙腳蹬擰成右弓步，雙掌變拳，同時右臂屈肘後頂，左拳直臂向前衝打，高與肩位，目視左拳方。（圖3-35）

　　【要點】變步衝拳協調有力，左右手內含前後的抻勁，蹬地擰腰發力，力達拳面。

圖3-35

27. 衝拳彈踢（龍虎相爭）

右腳蹬地，身體重心上提，左拳屈肘回抱於腰間，右拳直臂立拳向前打出，同時左腿屈膝向前彈踢，目視前方。（圖3-36）

【要點】打拳踢腿同動一致，支撐腿膝部微屈，腳趾抓地。

圖3-36

28. 獨立掛打（立地金剛）

左腳前落步，右腿屈膝上提成獨立步，同時右臂屈肘回掛頭側，左手直臂向體前立拳打出，目視左拳方。（圖3-37）

【要點】右掛左打雙拳配合，協調一致，右腳面繃展保護襠部。

29. 併步劈拳（高祖斬蟒）

身體左轉，右腳下落於左腳內側成併步，同時右手臂直臂向體前下方劈拳，左拳變掌回護右臂內側，目視右拳方。（圖3-38）

【要點】抓趾穩固，轉腰甩臂發力，力達拳輪及小臂外側，上體稍前傾。

側面　　　　　正面

圖3-37　　　　　　　　圖3-38

第三段

30. 摟手纏踢（僧人提鞋）

身體左轉，左腿向前上步，同時雙手變掌，由右向左平肩刁摟，接著右腿屈膝向內弧形立腳纏繞踢擊，且雙手翻腕向下迎拍腳底，目視右腳方。（圖3-39至圖3-41）

圖3-39

圖3-40

側面　　　正面

圖3-41

【要點】雙手左刁摟右拍腳，變向快捷、突然，纏踢鬆胯、活膝發力，力達腳底。

31. 俯身蹬踢（夜叉探海）

右腳落地支撐身體，上體隨左轉180°，雙掌變拳俯身向體前直臂打出，寬與肩位，同時左腿屈膝向後直蹬，目視拳方。（圖3-42）

【要點】發拳出腿一致，俯身平展，力達拳面及腳跟。

32. 轉身劈拳（泰山壓頂）

左腳落步，身體向後轉180°，右拳由上向下至體前劈出，同時左拳變掌下托於右小臂處，目視拳方。（圖3-43）

圖3-42

圖3-43

【要點】落步轉身快捷，劈拳托掌合拍響亮，轉腰揮臂發力，力達拳輪。

33. 撤步翻拳（金豹回頭）

左腳向後撤步，身體隨右轉，右手臂微屈肘向後翻打

右拳，高與頭面位，左掌
隨上擺，目轉視右拳方。
（圖3-44）

【要點】撤步回身突
然，轉腰活肩翻打，力達
拳背，左腳跟蹬離地面。

34. 盤腿扣拳（金磚玉瓦）

身體左轉，左腳向前
上步，隨之右腿屈膝，腳
面盤扣於左膝窩處，同時
右拳由後向前擺臂撩拳，

圖3-44

且左掌於體前扣握右拳背，目視拳方。（圖3-45）

【要點】盤腿穩固，扣拳有力、響亮，含胸鬆臂發
力，力達掌背。

側面

正面

圖3-45

35. 退步把手（倒拽牛尾）

右腳向體後退步，左腳隨之回撤成偏馬步，右手臂翻腕後拉，同時左掌回握右腕處，目視前方。（圖3-46）

【要點】偏馬步左腳尖稍外展，右腳後移步時轉腰扯肘，與左腳下踏形成爭力。

圖3-46

36. 馬步磕臂（雄獅守門）

身體左轉180°，右腳蹬地向前上步成馬步，同時雙手握拳，右手臂直臂向下，左手臂屈臂向上在體前靠擊，目轉視右方。（圖3-47）

背面　　　　　　　正面

圖3-47

【要點】沉身轉腰發力，力達雙手臂，馬步須沉臀扣趾。

37. 歇步探掌（金龜探海）

雙腳蹬撐地面，身體上起，右拳經左臂上方鑽出，左拳變掌回按體前，接著身體向右轉擰，雙腳擰蹲成歇步，同時右手變掌，左掌經右掌上方穿出，隨之俯身翻掌下按，且右掌隨擺體後，目視左掌。（圖3-48、圖3-49）

【要點】起身、俯身身法變化明顯，探掌左右手配合同向發力。

圖3-48

圖3-49

38. 弓步雙勾（雙星捧月）

左腳蹬地向前上步成左弓步，身體上起，左右掌變拳同時由下向上至體前勾打，左拳高與頭位，右拳高與下頜位，左拳在前，右拳在後，目視前方。（圖3-50）

【要點】上步、勾打快速一致，蹬地轉腰，滾臂發力，力達拳面。

39. 歇步探掌（金龜探海）

右腳向前蓋步，左腳跟蹬離地面，雙腳成歇步，同時上體前俯，雙拳變掌由上向下翻掌拉按，左掌在前，右掌在後，目視左掌。（圖3-51）

【要點】雙掌拉按要配合上體的俯身身法，以助其力道，兩腳擰變歇步沉穩。

圖3-50

圖3-51

40. 上步衝拳（韋陀獻杵）

左腳向前上步，雙手變拳，右拳向體前打出，肘關節微屈，同時左拳回收腰間，目視右拳方。（圖3-52）

【要點】上步出拳疾速，扭腰送肩發力，力達拳面。

41. 衝拳蹬腿（飛馬奔川）

右拳回收腰間，左腿蹬地，身體上起，右腿向體前勾腳發蹬踢，同時左拳直臂向體前立拳打出，目視前方。（圖3-53）

【要點】衝拳蹬腿配合一致，發招爆脆，力達拳面和腳底。

圖3-52   圖3-53

42. 馬步抻捶（立馬開弓）

　　右腳向前落步，上體左轉，雙腳蹲變成馬步，同時右拳直臂向體右側打出，左拳屈肘後拉，雙拳高與肩位，目視右拳方。（圖3-54）

　　【要點】落步扣趾沉穩，右拳前打與左拳後拉形成爭力，開胸展臂發力，力達拳面。

背面

正面

圖3-54

第四段

43. 轉身劈拳（吳王試劍）

雙腳蹬撐地面，上體左轉，左腳尖外展，右腳掌著地，同時右拳由上向下至體前斜劈，左拳變掌回護右肩處，目視拳方。（圖3-55）

【要點】蹬地擰腰，連貫快速，劈拳掄臂發力，力達拳輪及小臂外側。

44. 護手彈踢（浪子踢球）

左腳蹬地，身體上起，右腳蹬地屈膝向體前彈踢，同時左右手不變，目視腿方。（圖3-56）

圖3-55   圖3-56

【要點】彈腿快速有力，力達腳尖，支撐腿微屈，扣趾抓地。

45. 弓步架栽（武松打虎）

右腳落步成右弓步，左手變拳下栽於右大腿面，同時右拳由外向內屈肘上架於頭上方，目轉視左斜前方。（圖3-57）

【要點】架、栽拳配合一致，左右手臂上下要有張力，沉肩擴肘。

46. 挑掌彈踢（關公抖袍）

右腳蹬地，身體上起，雙拳變掌由右側向左側立圓擺起，左掌在前，右掌在後，掌指均朝上，同時左腿向體左側斜前方彈踢，目視前方。（圖3-58）

圖3-57　　　　　圖3-58

【要點】挑掌連動一致，抖腕發力，力達指端，彈腿有力，力達腳尖。

47. 扒手撐捶（金蛇探頭）

左腳下落步，右掌、左掌、右掌依次向前、向下立圓橫掌絞按，同時右腳、左腳依次向前上步，接著左腳向前上步屈蹲成馬步，左手變拳直臂向體側打出，且右手變拳回收腰間，目視左拳方。（圖3-59至圖3-63）

【要點】手腳配合一致，絞按掌連貫，沉身轉腰發拳，力達拳面。

圖3-59

圖3-60

圖3-61

圖3-62

圖3-63

48. 震腳合臂（僧人閉門）

左腳回收襠位下震腳，右腳收點於左腳內側成丁步，上體稍左轉，同時雙手臂屈肘回抱至面前，雙拳輪相觸，目視前方。（圖3-64）

【要點】回步震腳有力，雙臂屈肘內夾應有合力，拳不遮目。

側面　　　　　　　　　　　正面

圖3-64

49. 弓步雙打（雙旗開道）

右腳向前上步成右弓步，雙拳向下翻擰直臂向體前打出，接著左腳上半步，右腳推進半步，同時雙拳翻腕回抽後再向前旋腕打出，寬與肩，平與肩，目視拳方。（圖2-65至圖2-67）

圖3-65

圖3-66

圖3-67

【要點】雙拳連打要滾臂發招，雙腳連環進步要體現出以步催身、以身催拳的特點。

50. 提膝劈拳（樵夫砍柴）

雙腳擰轉，身體向左後轉180°，左拳變掌由上向下摟擺後變拳，隨屈肘回收腰間，同時左腿屈膝上提成獨立步，右拳由前向上至體左側直臂斜劈，目視拳方。（圖3-68、圖3-69）

【要點】擰腰轉身發力，力達拳輪及小臂外側，上體稍前傾。

圖3-68

圖3-69

51. 弓步架打（羅漢伏虎）

左腳向前落步成左弓步，右臂屈肘上架於頭上方，同時左拳直臂立拳向體前打出，高與肩位，目視左拳方。（圖3-70）

【要點】蹬地擰腰，送肩發力，力達拳面，右架、左打同動一致，內含撐勁。

52. 回身劈拳（犀牛分水）

雙腳蹬撐地面，上體右轉180°成右弓步，右拳由上向下直臂劈出，同時左拳隨動體後，目轉視右拳方。（圖3–71）

圖3–70

圖3–71

【要點】擰腰轉身快速，掄臂劈拳有力，力達拳輪。

收 勢

左腳蹬地回收於右腳內側成併步，左右手臂屈肘抱拳回收腰間，上體挺立，目轉視左方，隨之雙手臂自然下垂體兩側，目正視前方。（圖3-72、圖3-73）

【要點】雙腿直膝併攏，立腰直身，沉肩夾肘，抱拳轉頭，快脆有神，還原時行拳攻防意念終止，呼吸自然。

圖3-72

圖3-73

第四章
少林拳技擊解招

第一節 少林拳實用戰例解析

少林拳實用戰例解析是將套路中的經典實戰招法解析開來，供愛好技擊的武友們學習、應用。要將書中的「死招」變為實戰的「活招」，必須要有堅實的身體素質做基礎，而且需單招單式逐一進行練習、餵手、拆解，直至條件實戰及實戰應用等一系列的過程成熟，才能將所學招法遊刃有餘地運用於實戰，以克敵制勝。

在拆招交手時一定要「敢」字當先，不要顧忌因招法應用不純熟而不敢用招、不去用招，其實學習任何技藝都有一個由生到熟的過程。只要有足夠的訓練量，一定能達到自由運用招法的境界而不被招法所困，即「招練我，我練招」，希望讀者明知。

解析1：雙龍出水

雙方交手，對手突然用雙手抓拉我左右手腕欲控制我時，我隨招變勢，雙臂後撐，並借對手反掙之力，左腳上步，突發雙拳猛打對手胸部，重創對手。（圖4-1、圖4-2）

圖4-1

圖4-2

【要點】上步、出拳合整，力達雙拳拳面。

解析2：武松單臂

雙方交手，我搶發右翻背拳攻打對手的頭部，對手隨用右手屈肘上架防守，接著我變招用左手由下向上挑化對

手右臂，且身體左轉，左腿屈膝上提，同時發右衝拳狠打
對手的咽喉要害，重創對手。（圖4-3至圖4-5）

【要點】挑打連環，變招快猛有力。

圖4-3

圖4-4

圖4-5

解析3：平沙落雁

雙方交手，對手突然跳步發右側踹腿攻踢我上盤，我隨招變勢，潛身移步進身，雙臂開展發右衝拳狠打對手的支撐腿內側，重創對手。（圖4-6）

【要點】潛身發拳要迎腿而上，及時準確。

圖4-6

解析 4：獅子開口

雙方交手，對手突然進步發右劈拳砸擊我面門，我隨招變勢，進身用左手臂屈肘上架破解對手劈拳，同時發右勾拳狠打對手下頜要害，接著用「力劈華山」招法，右腳回抽，左掌猛力下劈對手面門，重創對手。（圖4-7、圖4-8）

【要點】左右手攻防合一，快速有力，「獅子開口」與「力劈華山」多為連用招法，實戰中可產生巨大的制敵效果。

圖4-7

圖4-8

解析5：單風貫耳

雙方交手，對手搶攻用右直拳擊打我面部，我隨招變勢，進步閃頭，用右拳撐臂摜打其左耳門，左掌橫拍其右面頰，重創對手。（圖4-9）

【要點】閃頭、摜打及時準確，擰腰揮臂發力，力達拳背、掌心。

解析6：金龍抱柱

雙方交手，對手突然起右邊腿掃踢我胸部，我隨招變勢，轉身蹲步用右臂屈肘裏擋破化來腿，同時左掌屈肘回護右臂處，目視肘方。（圖4-10）

【要點】蹲身轉腰，裏肘擋臂一氣呵成，手臂肌肉緊縮，以硬抗硬。

圖4-9　　　　　　　　圖4-10

解析7：烈馬撞槽

雙方交手，我突然
進步發右頂肘搶攻對手
的心窩要害，同時左手
臂屈肘，左掌橫推右拳
面形成合力，重創對
手。（圖4-11）

【要點】進步發肘
突然，腳踩中門疾速。
拳諺講「拳輕掌重肘要

圖4-11

命。」「寧挨十拳，不挨一肘」，足見肘法的威力。

解析8：黃鶯鎖喉

雙方交手，對手突
然進身發左膝猛撞我胸
部，我隨招變勢，左掌
屈肘拍壓來膝，同時右
手變爪掐鎖對手的咽喉
要害，重創對手。（圖
4-12）

【要點】左右手形
成十字勁力，左手向下
橫拍，右手向前鎖推，
雙手齊動一致。

圖4-12

解析9：野馬刨蹄

雙方交手，對手突然轉身發左後蹬腿攻踢我的胸部，我隨招變勢，身體稍後移，用右手臂屈肘抬架來腿防化，同時左手回護臉側連發右蹬腿狠踢對手的臀部，重創對手。（圖4-13）

【要點】發腿準確有力，力達腳底。

圖4-13

解析10：黃忠放箭

雙方交手，對手快發右邊拳抽打我頭部，我隨招變勢，雙腿下蹲閃躲來拳，同時出右衝拳狠打其側肋，重創對手。（圖4-14）

【要點】閃身及時，出拳有力，力達拳面。

圖4-14

解析11：響雷震天

　　雙方交手，對手起右側踹腿踢擊我胸部，我隨招變勢，身體右轉，雙手臂屈肘用雙拳翻砸來腿，接著變招用「僧人撞鐘」招法，左腳上步，雙拳衝打對手肋部，重創對手。（圖4-15、圖4-16）

圖4-15

圖4-16

【要點】轉身砸拳快速準確，上步衝拳一致。此招法與「僧人撞鐘」招法連用，制敵效果更佳。

解析12：天王托塔

雙方交手，對手用右手抓握我右肩，我隨招變勢，左腳蓋步，雙手上托其手臂，接著變招「黑虎攔路」招法，右腳側落成馬步，雙掌由上向下猛力側推對手的側肋，重創對手。（圖4-17至圖4-19）

【要點】移步、蹲身敏捷沉穩，雙手隨腰發力，力達雙掌。「天王托塔」招法與「黑虎攔路」招法連用，體現出「招打連環人難防」的奇效。

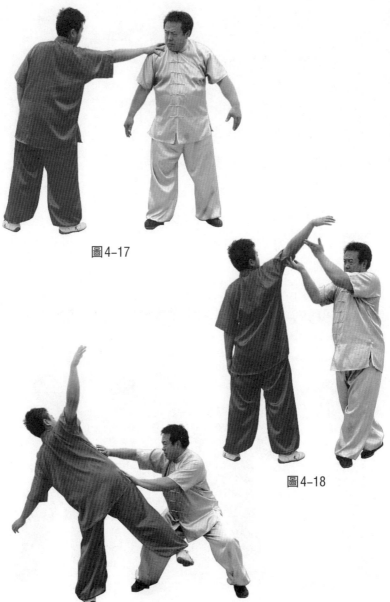

圖4-17

圖4-18

圖4-19

解析13：浪裡翻沙

雙方交手，對手搶發右直拳攻打我面部，我隨招變勢，右手臂屈肘外擋抓其右臂立圓絞繞一周，破化其進攻，接著我左手抓拉其右手臂，同時左腳上步，右手變勾拳猛打其下頜，重創對手。（圖4-20至圖4-22）

圖4-20

【要點】絞臂快速，右、左手換握對手右臂連貫，勾打準確。

圖4-21

圖4-22

解析14：金雕分翅

雙方交手，對手快發右下踩腿踢擊我膝、脛處，我隨勢變招，右腿回點丁步閃化來腿，同時雙手臂上下分展，右拳截劈對手腳踝，目視手方。（圖4-23）

【要點】回腿閃躲及時，截劈拳有力，力達拳輪。

圖4-23

解析15：二郎擔山

雙方交手，對手進步出左拳打我胸部，我隨招變勢，身體左轉閃化，左手抓握來拳腕部，同時右腿上步，右手臂經對手左腋下穿靠，重創對手。（圖4-24、圖4-25）

【要點】左右手形成爭力，上步側靠合整。

圖4-24

圖4-25

解析 16：金剛斷碑

雙方交手，我突然左右手連環推掌搶攻對手胸部，接著連招用「仙人指路」招法，左腳墊步，用右膝猛撞其心腹要害，同時左掌狠擊對手面部，形成立體攻勢，重創對手。（圖4-26至圖4-28）

圖4-26

圖4-27　　　　　　　　圖4-28

【要點】招式連環，掌、膝同打，不給對手喘息的機

會。

解析17：金魚抖鱗

雙方交手，對手快起右邊腿掃踢我側肋，我隨招變勢，左腿後撤，身體左轉，同時用左手回摟對手右小腿，右手臂屈肘靠擊其右膝關節，重創對手。（圖4-29）

【要點】順勢抱腿、靠腿，及時準確，體現出借招打招之妙。

圖4-29

解析18：鳳凰展翅

雙方交手，對手從身後用手抓握我肩部欲控打我，我順勢右轉身，用右手翻背掌反抽對手面門，同時左掌側展於體側，重創對手。（圖4-30、圖4-31）

【要點】蹬地、擰腰、甩臂發力，力達掌背。

圖4-30

圖4-31

解析19：就地取寶

雙方交手，我突然進身用右挑掌挑擊對手的襠部，對
手隨即雙手下壓防守，我隨招變勢，左手抓握對手頭髮，

同時左右腳跳換步，用右劈掌狠劈對手後腦，重創對手。
（圖4–32至圖4–34）

　　【要點】抓髮、劈掌緊密相連，跳步轉腰沉胯發力，
力達右掌。

圖4–32

圖4–33

圖4-34

解析20：霸王拉弓

雙方交手，對手上步用左拳衝打我面部，我隨招變勢，左手向外弧形刁抓來拳手腕，同時右拳直肘沖打對手的脖頸要害，重創對手。（圖4-35）

圖4-35

【要點】抓腕及時準確，左右手形成前後爭力。

解析 21：龍虎相爭

雙方交手，對手用右擺拳搢打我頭側，我隨招變勢，左手臂屈肘外擋來拳，同時用左彈腿、右衝拳反攻對手襠部及面部，重創對手。（圖4-36）

【要點】拳、腿一致，力達拳面與腳尖。

圖4-36

解析 22：高祖斬蟒

雙方交手，對手起右蹬腿狠踢我心腹，我隨招變勢，右腳回撤，雙腳成併步，同時身體左轉，右手臂由下向上斜向劈截來腿破化，且左手臂屈肘回護體前，目視拳方。（圖4-37）

【要點】移步轉身，步法、身法配合協調，右拳劈截，力達拳輪及小臂處。

圖4-17

少林拳

圖4-38

解析23：僧人提鞋

雙方交手，對
手突然上步發雙衝
拳攻打我胸部，我
隨招變勢，含胸內
化，同時雙手由外
向內刁抓對手左右
手腕，接著右腿屈
膝由外向內弧形纏
踢對手前支撐腿外
膝處，且我雙手向

圖4-39

上提擰，重創對手。（圖4-38、圖4-39）

【要點】刁手及時，纏踢、擰腕形成整勁。

123

解析24：夜叉探海

雙方交手，對手突然進身發左劈拳劈打我頭部，我順勢倒身閃化，同時用右後蹬腿反踢對手的心窩要害，且我雙手臂開展，目轉視對手。（圖4-40）

【要點】閃身快速，發腿有力，力達腳跟。

圖4-40

解析25：金豹回頭

雙方交手，對手側倒身發左側踹腿踢擊我胸肋時，我隨招變勢，右腳橫蓋步閃身破化來腿，同時用右翻背拳屈肘下砸對手腿部，且左掌屈肘上架於頭上方，目視右拳方。（圖4-41）

【要點】移步、發拳協調一致，翻背拳力達拳背及小臂處。

圖4-41

解析26：金磚玉瓦

　　雙方交手，對手進身用右直拳衝打我面部，我隨招變勢，左腳側閃步，右腳扣於左膕窩，同時左掌橫撥對手右臂，右拳向下撩擊其襠部，重創對手。（圖4-42）

　　【要點】側閃步避開對手來拳，扣腿沉身，撩襠兇狠。

圖4-42

解析27：倒拽牛尾

雙方交手，對手從我背後用雙手臂夾鎖我脖頸，我隨招變勢，沉身轉腰，發右後頂肘猛擊對手心窩要害，且左手成掌推擊右拳面，形成合力，重創對手。（圖4-43、圖4-44）

【要點】當對手夾鎖脖頸之時，我第一反應是要開臂梗脖，以抗頂對手來招，隨後轉腰沉臀，轉移對手的力點，順勢出肘，可以起到一招制勝的效果。

圖4-43

圖4-44

解析28：雄獅守門

雙方交手，對手上衝拳、下蹬腿立體攻打我上、中盤，我隨招變勢，右腳側上步，身體左轉，閃身蹲成馬步，同時左右手臂屈肘向前靠抖對手的拳、腿，破化其進攻，目視拳方。（圖4-45）

圖4-45

【要點】左臂在上、右臂在下靠抖時要發彈勁，力達拳背及小臂處。

解析29：金龜探海

雙方交手，對手上步用右手掐鎖我咽喉，我隨招變勢，用右手抓握對手右手腕部，左手探按對手肩臂處，同時身體向右轉擰，蹲身發力，將其鎖拿致倒地，重創對手。（圖4-46、圖4-47）

【要點】我左右手應形成剪刀之力，擰腰俯身發力，力達雙手。

圖4-46

圖4-47

解析30：雙星捧月

雙方交手，我
突然左腳上步踩踏
對手中門，左右手
搶發勾拳抄打對手
的下頜和心窩要
害，重創對手。
（圖4-48）

圖4-48

【要點】勾打擰臂、上鑽，蹬地轉腰發力，力達拳面。搶攻時要突然、果斷，令對手防不勝防。

解析31：立馬開弓

雙方交手，對手用右彈掌抽打我面部，我隨招變勢，左腳上步，身體右轉下蹲成馬步，接著右手向上刁抓對手的右腕部，同時左拳衝打其側肋要害，重創對手。（圖4-49）

【要點】蹲身下閃及時，刁抓腕部與衝拳打肋應形成爭力。

圖4-49

解析32：吳王試劍

雙方交手，對手用右直拳攻打我面部，我隨招變勢，上體稍後閃，隨之左手纏繞刁抓來拳腕部，身體左轉，右拳由上向下立劈對手肩關節，同時用右低彈腿踢擊其脛骨，重創對手。（圖4-50、圖4-51）

圖4-50

圖4-51

【要點】上劈拳、下彈腿形成立體攻勢,使對手無招架之力。此招是與「浪子踢球」招法的聯合應用,實用性極強。

解析33：武松打虎

雙方交手，對手俯身用頭撞擊我心窩要害，我隨招變勢，右腳向前移半步，身體稍左轉，偏閃對手的頭攻，同時右掌下按對手的後腦，左手變栽拳向下狠打對手的後頸處，重創對手。（圖4-52、圖4-53）

【要點】右掌下按與左拳下栽相合一體，力達拳面。

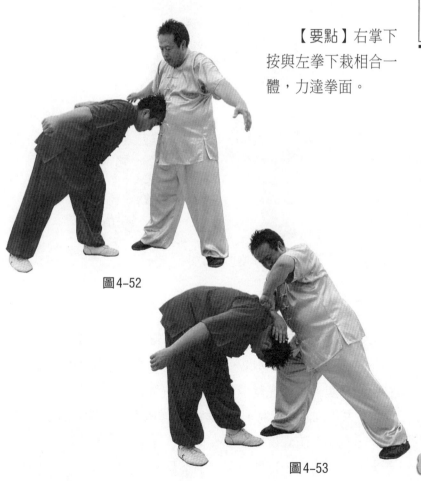

圖4-52

圖4-53

解析34：關公抖袍

雙方交手，對手用穿掌攻擊我雙眼，我隨招變勢，身體稍後閃，同時右臂屈肘挑掌破化，同時發右彈腿猛踢對手的襠部要害，重創對手。（圖4-54）

【要點】挑掌、彈踢有力快速，協調一致。

圖4-54

解析35：金蛇探頭

雙方交手，對手突然用右彈腿踢擊我襠部，我隨招變勢，右腳回撤，身體後閃，同時用左掌下拍來腿腳面，接著右腳側移步，身體左轉成馬步，用右拳直臂衝打對手的心窩，且左手回護右臂處，重創對手。（圖4-55、圖4-56）

【要點】防守反擊要抓住時機，當對手「舊力已發、新力未生」之時，打其一個措手不及。

圖4-55

圖4-56

解析36：僧人閉門

雙方交手，對手突然用右蹬腿踢擊我胸部，我隨招變勢，迎面進步用雙手臂屈肘堵截來腿，破化其腿攻，接著

右腳上步連發雙衝拳狠打對手胸部，重創對手。（圖4-57、圖4-58）

【要點】雙手臂屈肘時肌肉緊繃，衝拳與上步配合一致，力達雙拳。此招常與「雙旗開道」招法連用，正所謂「攻中有防不丟手，防中有攻敵難走。」

圖4-57

圖4-58

解析37：樵夫砍柴

雙方交手，對手突然發右邊腿掃踢我中盤，我隨招變勢，左腿屈膝上提，身體左轉回閃來腿，同時用右拳下劈對手的右腿，接著左腳前落步，連發左右雙衝拳打擊對手的面部和胸部，重創對手。（圖4-59、圖4-60）

【要點】蹬地轉腰發力，力達雙拳拳面。

圖4-59

圖4-60

圖4-61

解析38：犀牛分水

雙方交手，我側身進步用右頂肘攻擊對手，對手隨用雙掌推頂破化，接著我翻肘用右劈拳砸擊對手頭部，同時身體重心前移，左掌側展，重創對手。（圖4-61、圖4-62）

圖4-62

【要點】進身肘擊受阻之時，活肘變招要靈活快速。轉腰甩臂發力，力達右拳。

第二節　少林拳實戰寶典箴言

（1）實戰時，要心平神定，不可慌亂，鎮定從容應戰。無論對手出招快慢，或單招、連招對我進攻，我都應乘隙擊之，以靜制動。

（2）實戰時，要樹膽對敵。膽壯則心明，心明則招法合度，對敵便會遊刃有餘。正如拳諺云：對敵若無膽在先，空有拳腳一身功。

（3）實戰時，要隨機應變，奇正相生，要運用奸、詐、詭、巧等方法，使敵入我圈套，進而擊之。所謂「兵不厭詐」「拳行詭道」。

（4）實戰時，對敵之戰術不可單一，應剛柔互變，借力打力，攻守兼顧，逢強智取，遇弱活擒。

（5）實戰時，應精神集中，不可輕敵大意。常言道「尺有所短，寸有所長」，再強的對手必有他的弱點，再弱的對手也有他的優點。拳語講「驕兵必敗」「輕敵必定藝淺」。

（6）實戰時，得勢得時之機，要先下手為強，以迅雷不及掩耳之勢搶攻對手，使之防不勝防，正如「兵貴神速」也。

（7）實戰時，可應用不同的叫喊發聲干擾對手，以破壞其正常的節奏。同時發聲也便於我發力，並增強攻擊效果，對手驚慌失措之時，可乘機擊之。

（8）實戰時，要將自己的得意技法隱藏，不可為對

手所察覺。特別是雙方對峙擺架時，不可先露出自己門派的標誌招式，以防對手知己知彼，身處優勢。故師云「實戰不可備式，恐敵窺我虛實也」。

（9）實戰時，要用雙眼觀察對手，不可分神。觀其肩動，必出手技，觀其身動，必出腿技，以求先知先覺，應敵自如，把握實戰的主控權。

（10）實戰時，要揚己之長，克彼之短。可應用自己最精熟、最有殺傷力的招法攻擊對手。使用絕招時可藉機直攻，若無時機使用絕招，可先輔藉其他招法誘其露出破綻，再用絕招攻之。

（11）實戰時，雙手要有攻有守，攻守兼備，若右手出打，則左手回護，反之亦然。如此對手便無機可乘。拳經曰「打中有顧，顧中有打，顧打結合，方為高手」。

（12）實戰時，要攻擊對手上、中、下三盤要害部位，以取得事半功倍的打擊效果，當單招難以產生制敵效果時，可利用連環招法實施多點位、多角度、立體式的摧枯拉朽般的打擊，令對手只有招架之勢，而無還手之力。

第五章

少林拳拳理通覽

第一節　少林拳的特點與風格

一、套路嚴謹，動作實用

少林拳套路短小精悍，內容豐富，攻防嚴密，招式多變，立足實戰，剛柔相濟，樸實無華，動作協調，攻防兼備，先發制人。演練時多在一條線上，即「拳打一條線」。

少林拳不練花架子，自然樸實，一切從實戰出發。練習時須頭端面正，眼神專注，頭豎不偏，招隨身變，開胸直腰，裹胯合膝，扣腳蹬腿，肩鬆臂活，手靈肘圓，步身催手。講究出手似箭，收手如綿，進招連環，打不露形，手到勁發，神形合一。只求技擊的實用性，猛打猛攻，齊進齊退，硬取直上，以「柔化剛發」而著稱。

二、剛猛有力，快速多變

少林拳動作剛健有力，快速迅猛，所謂的「秀如貓行抖如虎，動如閃電行如龍」，在速度上要求使招變式，應手發招，正所謂「出手如放箭，回手似閃電，打人不見

139

形，見形非為能。」「拳忌疑惑」，要不假思索，「拳如流星」，以快打慢，以快為先，快打快收，一氣呵成。「起手連珠炮，拳打一氣連」，如迅雷不及掩耳之勢，不給對手喘息的機會。少林拳雖以剛為主，但同時也要求剛柔相濟，剛在他力前，柔在他力後。

戰術上善於聲東擊西，指上打下，佯攻而實退，似退而實進，虛實兼用，剛柔相濟，出手無情，擊其要害。

三、曲直互用，滾出滾入

少林拳要求兩臂保持一定的曲度，「曲而不曲，直而不直」，反對僵直拙力。在完成動作的一瞬間，依手臂的自然反彈力，使手臂形成「曲非曲，直非直」的動態，曲直互變，曲防時含有攻意，直攻時含有守意，為便利繼續攻防創造條件。實戰時，如果出手太直，不僅增加了回抽手臂的時間，而且部位暴露明顯，極易遭襲。反之，出手太曲會使進攻的力量減小，同時也不易擊打到對方的要害部位。

「滾出滾入」是攻防技術的科學反應，「身以滾而動，手以滾而出」「滾出滾入」，螺旋鑽進，富有彈性。因為手臂或身體的旋動可以增強自身的攻擊力，而滾動也有利於在防守中化解對手力量。

四、拳打一條線，拳打臥牛之地

演練時，起落進退始終保持在一條線上運動。從實戰角度出發，交手相搏，對手之間以直線距離為最短。因

此，在最短距離內進攻，可以使人在最短時間、最佳時機攻擊對手，這時的攻擊是最為有效的。「拳打一條線」的特點，充分體現了少林拳快速、簡潔、實用的運動風格。

「拳打臥牛之地」，說的是少林拳的運用和練習不受場地大小的限制，起落進退、閃展騰挪於「臥牛之地」，既可施展其攻守招式，又能發揮其拳腳的實戰威力，體現了武者具有極強的「八法」能力。

五、勁力整透，招式順達

少林拳最講勁力「整透」。而所謂「整」則要求在練習和實戰過程中，要做到在戰術意識、呼吸的運用、攻防配合以及勁力的發揮等各方面的協調統一。《少林拳術秘訣》中講到：「蓋以外功之練習，及肉體筋骨所有事，而內功之休養，實性命、精神所皈依，離而二之，則為江湖末技，合而一之，則為神功極致。」

少林拳還要求「力要順達」。發力順達是動作間銜接的必備條件，正所謂「勢斷勁不斷，勁斷意相連」。周身要疾速發出快脆、彈抖的力量，即要有「抖勁」。否則會使動作僵硬、呆板，破壞招式的結構與套路節奏。

要做到發力順達，須從明「三節」、懂「六合」入手。以上肢來說，手是梢節，肘是中節，肩是根節；以下肢來說，腳是梢節，膝是中節，胯是根節。六合，是指手、肘、肩、腳、膝、胯六個部位的協調配合，掌握好「三節」的發力順序和「六合」的協調關係，動作才會豁達順暢。

六、吐氣發聲，以聲助威

少林拳的演練過程中有一個很明顯的特點，那就是吐氣發聲，以聲助威。通常演練者除了套路結尾時隨最後的動作發聲助威外，演練過程中也常有「呀」「嗚」「哈」「嘿」等不同的發聲。

這些發聲源自腹腔，短促有力，吼聲如雷，富有震撼感，達到以意生力，以氣催力，意氣力相合，從而起到「以聲助勢、以聲助力、以聲助威」的作用。《用力暗訣》一文中指出「力以柔而剛，氣以運則實，力從氣出，氣隱力顯，無氣，則力自何而來？一舉手則全身之力奔赴氣之所運，所謂意到氣隨，速於聲響。」

少林拳法均採用簡易的腹式「逆呼吸」，即在呼吸應用自如的配合中，形成以腹部為中心的「氣息鼓蕩」的「內功」狀態，也就是氣沉丹田。在用氣、發聲、用力的同時，由發拳瞬間腹腔聚氣、閉氣、發聲、吐氣的過程「以氣助力」，基本遵循了「起吸落呼，進吸退呼，柔呼剛吸，蓄吸發呼」的呼吸原則。拳訣說「拳打十分力，力從氣中出，運氣貴乎緩，用氣貴乎急，緩急神其術，盡在一呼吸。」

七、內外三合，以目視目

內外三合，形神兼備，是少林拳整體動作的特點。所謂內，指的是心、神、意、氣等內在的心志活動和意氣運行，要求「心與意合，意與氣合，氣與力合」；所謂外，

指的是手、眼、身、步等外在的形體活動，要求做到手到、眼到、身到、步到，並做到「肩與胯合，肘與膝合，手與足合」。

少林拳對眼法的要求可分為兩種，一種是「隨視」，要求「眼隨手動」，頭隨勢轉，手到眼到；另一種是「注視」，必須以目注目，眼注一點，兼顧周身，「以審敵勢」，要求「眼似電」，眼神要明快、銳利，眼明方能手快。「虎視眈眈，氣息沉沉，目光炯炯」「含有神威」，顯示出咄咄逼人之勢。

對陣交手時，不僅要注意對方的手和身軀，還要觀察對方的眼神，二目相視，以揣測對方的心理。

八、步穩身活，橫起縱落

「向前一進踩，後退一回踩」，這是少林拳步法的獨到之處。少林武術步法「進低退高」，即進步低，退步高。進退靈活，輕靈穩固，落步生根，動則輕靈，靜則沉穩，所謂「守之如處女，攻之如猛虎」。

對步法的要求是「步賽粘」，站定時要像腳步粘在地上一樣穩固，不掀腳、不拔跟、不動搖，「步不穩則拳亂，步不快則拳慢」。

少林武術的身法是「橫起縱落」「體隨勢變」，主要是由胸、背、腰、腹、臀五個部位來展現。起，望高束身而起；落，望低展身而落。要求身法靈活，開胸直腰，不鬆塌，裹胯合膝，微扣腳尖。「腰如蛇形」，不同的動作採取不同的身法變化與手、眼、步、腿諸法協調配合，才

能達到「腰如蛇形」。要柔韌、靈活、自如，著重掌握重心，不失平衡。身法在拳術運動中表現為閃、轉、展、縮、折、彎、俯、仰等不同變化，這些變化多以腰為主宰。在使用的方法上，要求藏而不露，內靜外猛。進攻時力求重心穩固，整身發力，以加強進攻力度。防守動作則要求動作靈活、靈敏快速。退落多要求側順對敵，以縮小受擊面，且便於自身的防守和進攻。

第二節　少林武術的技術體系

少林寺在1500多年的歷史發展過程中，成為武術的一個「寶庫」。少林功夫是中國武術各個流派中歷史最久、門類最多、體系最大的一個門派。僅僅流傳下來的拳譜中有記載的功夫套路就有708套，其中包括拳術、器械套路552套，另外還有七十二絕技、致命三十六穴、擒拿、格鬥、卸骨、點穴、氣功等各類功法156套。

現據少林寺流傳下來和重新整理收集的少林功夫套路統計，有拳術121套，器械80套，對練37套，其他17套，合計255套。這些數字充分表明了少林武術是中國武術的主要流派之一，本章節只重點介紹其部分核心內容。

一、拳　術

少林羅漢十八手、少林羅漢拳、少林朝陽拳、少林梅花拳、少林炮拳、少林七星拳、少林柔拳、少林金剛拳、少林龍拳、少林虎拳、少林豹拳、少林蛇拳、少林鶴拳、

少林大戰拳、少林脫戰拳、少林短戰拳、少林十字戰拳、少林合戰拳、少林鎮山拳、少林短打拳、少林花拳、少林長護心意門、少林關東拳、少林心意把、少林八步連環拳、少林四門拳、少林弓力拳、少林潭腿拳、少林六合拳、少林太祖長拳、少林地躺拳、少林練步拳、少林醉八仙拳、少林猴拳、少林心意、少林黑虎拳、少林翻子拳、少林鷹爪拳、少林大紅（洪）拳、少林小紅（洪）拳、少林劈掛拳、少林通臂拳、少林燕青拳、少林螳螂拳、少林八極拳、少林戳腳拳、少林猴拳、少林萇家拳、少林岳氏連拳、少林二郎拳、少林鎮門拳、少林段位拳（1～6段）等。

二、器 械

1. 少林棍類

少林夜叉棍、少林齊眉棍、少林燒火棍、少林陰手棍、少林六合棍、少林風火棍、少林梅花棍、少林六合棍、少林梢子棍、少林五虎擒羊棍。

2. 少林刀類

少林太祖刀、少林劈山刀、少林六合刀、少林追風刀、少林梅花刀、少林雪片刀、少林春秋大刀等。

3. 少林劍類

少林七星劍、少林龍形劍、少林梅花劍、少林綈袍

劍、少林飛龍劍、少林白猿劍、少林青風劍等。

4. 少林槍類

少林攔門槍、少林夜戰槍、少林五虎槍、少林花槍等。

5. 少林軟兵類

少林四門鞭、少林雙鞭、少林三節棍、少林九節鞭、少林繩鏢、少林拂塵等。

6. 少林雜兵類

（1）單手類
少林燕子鐋、少林單拐、少林連環鏟、少林方便鏟、少林月牙鏟、少林方天畫戟、少林禪杖、少林虎頭鉤、少林大鈀等。

（2）雙手類
少林梅花雙拐、少林六合雙拐、少林雙錘、少林雙斧、少林虎頭雙鉤、少林乾坤圈、少林雙草鐮等。

7. 少林暗器類

少林飛黃石、少林飛針、少林飛鏢、少林飛龍鏢、少林如意珠、少林金錢鏢、少林袖圈、少林梅花針、少林七星鏢等。

三、對 練

少林對拳、少林六合拳對練、少林華拳對練、少林對

接潭腿、少林羅漢十八手對練、少林單刀進槍、少林空手奪刀、少林空手奪匕首、少林雙刀進槍、少林雙劈大刀、少林對紮槍、少林九節鞭對棍、少林三節棍進槍、少林月牙鏟破雙槍等。

四、功法

少林易筋經、少林強耳功、少林混元一氣功、少林陰陽氣功、少林八段錦、少林點穴功、少林五禽戲、少林揉身功、少林金剛踔腿功、少林鷹爪功、少林鐵砂掌、少林禪功、少林童子功、少林抻筋功、少林鐵頭功、少林鐵布衫、少林金鐘罩、少林朱砂掌、少林鐵襠功、少林內養功、少林站樁功等。

第三節　少林拳拳理通論精要

一、少林拳六合論

少林拳六合是指「外三合」和「內三合」。內三合是心與意合，意與氣合，氣與力合。外三合是肩與胯合，肘與膝合，手與足合。六合之功效重在身敏步靈，周身協調，便於攻守。

二、少林拳三節論

少林拳三節是指一身而論，分為上中下三節。上三節即肩為根節，肘為中節，手為梢節，中三節即頭為根節，

147

心為中節，丹田為梢節。下三節胯為根節，膝為中節，足為梢節。三節論要求練習者做到梢節起、中節隨、根節追（達）。三節論意在周身合順，勁力遒勁，攻守威力強大。

三、少林拳四梢論

少林拳四梢指血梢、骨梢、肉梢、筋梢。髮為血梢，牙為骨梢，舌為肉梢，甲（指甲）為筋梢。四梢齊，指齊而發力，指髮欲衝冠，牙欲斷金，舌欲摧齒，甲欲透骨的意思。拳譜云：「明瞭四梢加一力。四梢齊則內勁出矣。」意識引導氣血達到這些部位，從而凝神聚氣，使身體各系統發出更大能量，故齊力。

四、少林拳身法論

少林拳身法有八，即起、落、進、退、反、側、收、縱。

1.起、落

少林拳譜說：「起落者，起為橫，落為順也。」從落到起，向前上步或縱跳的過程，是由橫變順，擰身而起，正面對前方，所以說起為橫。落時兩腳前後站立，側身對敵，所以稱落為順。起時橫擰利於發向上之鑽力，落下順身利於發劈打、順打時的順勁。

2.進、退

進、退是技擊術中進退攻守趨避的方法。進擊要如閃

電那樣疾快，失勢退避時要如被火燒到那樣的急速。少林拳訣中說：「進步捷如風，失機退宜快，乘勢側鋒入，身稍向前邁，掌實即須吐，發聲使驚怪，變化如蛟龍，遲快分勝敗。」兵法所謂「避虛擊實」「聲東擊西」等，無一不與此道息息相通。

3.反、側

反、側即翻身顧後，側身顧左右。少林拳譜中說：「若遇人多不用忙，打前顧後是妙方，來來往往休停立，乍敵三方戰一方。」少林拳訣中說：「搖膀子，橫身子，不離肋子。」總之，翻身多用架壓鑽劈之法，側身多用撥掛束裹之勁，都要身法靈快，腳手如風。

4.收、縱

指收如優貓，放如縱虎。斂是束吞之勁，縱是吐放之力。要求身法中正平直，可與三節論理解相通。例如束身、含胸、收提等勢都是收的應用；長身、擊打、跳躍都是縱的運用。左移右閃，進退騰挪都要以縱貫之，必須內提外隨，內外合一。

五、少林拳步法論

少林拳實戰時要由寸步、墊步、過步等變化，把握好與對方距離的遠近，更要知道進步低、退步高的要訣。進步低可避免被對方勾、掛、挑、搬；退步高可避免被對方勾、絆、踩、踏。步法的精妙，全在於平時的刻苦練習，

只有功夫精嫻，在應用時才能得心應手，隨心所欲，動不露形。

六、少林拳三盤論

少林拳三盤是將人體分為三盤，即上盤、中盤、下盤。上盤指肩上至頭，中盤指肩下至胯，下盤指胯下至足。三盤是少林拳打擊的目標，因其盤位不同而產生不同的技擊效果，比如，攻擊上盤，專打要害，可以產生一招制勝的效果；攻擊中盤，可以傷損五臟六腑，斷骨閉氣；攻擊下盤，使對手失衡倒地，受到重創，亦可阻礙對手步法的移動，瓦解其攻擊力。

七、少林拳勁力論

勁力是拳術的核心，不同的拳種對勁力有不同的要求。少林拳崇剛尚猛，堅柔取巧，在勁力上多講究撐勁、抖勁、寸勁、整勁、剛勁、柔勁、靈勁等。

勁力要訣講「力以柔而剛，氣以運則實」，力斷氣不斷，氣斷意不斷。勁力的蓄發收放，是少林拳的形、神、意、氣、力的高度統一。

八、少林拳十拳論

少林拳十拳論即利用身體的十個部位進行克敵制勝的方法。頭為一拳，肩為一拳，肘為一拳，拳為一拳，掌為一拳，指為一拳，臂為一拳，胯為一拳，膝為一拳，足為一拳。練習少林拳時要求十拳兼而習之，才會在實戰時遊

刃有餘，令對手在變化莫測的十拳技法中敗北。除頭之外，其餘九拳都應左右式修煉，以求得周身平衡發展。

九、少林拳發聲論

少林拳講究發聲助勢、發聲助威、發聲助力，在呼氣時伴隨著發聲，最為常用的發聲字有：嗚、呀、嘿、咦、哈、哇等。發聲在行拳走架的起勢、中間、收勢等處都有，發聲要求由內而發，將意氣力聚合，所發之聲要短促有力、響亮、深沉，切不可用嗓子喊叫，特別是在少林拳結束時發聲更為普遍，所發之聲是一個釋放內氣和氣歸丹田的過程。

十、少林拳三尖論

少林拳三尖論是指練習者鼻尖、手尖、足尖形成上下一條直線，有利於對敵，進擊順發，迅猛力整。拳譜講：打法定要先上身，手腳齊到方為真。三尖相照後，上、中、下體位相隨，周身協調，發力雄厚。

十一、少林拳陰陽論

陰陽是指中國古代哲學的範疇，是一切事物和現象的正反兩個方面，是一個抽象的概念，本身並無實物可見。陰陽相互關聯有四個方面，即陰陽對立、陰陽互根、陰陽消長、陰陽轉換，是一個系統的變論。

少林拳的攻與防、剛與柔、學與用、勝與敗等無不包含著陰陽的哲理。

十二、少林拳五行論

五行指金、木、水、火、土，是古代的一種學說，認為自然界和人體都能用五行相生相剋的學說進行解釋。少林五行論講五行相剋，五行相生，五行相合。五行外應人之五官，內應人之五臟。如「心屬火，心動通力生；肝屬木，肝動火烙沖；肺屬金，肺動沉雷聲；腎屬水，腎動快如風；脾屬土，脾動大力醫。此五行之屬於內也。」少林五行論講合自己之五行以克敵之五行。

五行相生指金生水，水生木，木生火，火生土，土生金。金代表肺，金生水，指肺強氣壯，能助腎水足，能養肝。肝強，自能目光銳利有神，所以說肝動火焰沖。目視心生，眼注視後心意動，心意動後氣血即運行到進行擊打之手足，所以說「心動勇力生」。因此，肝強而目明，目明而勇力即生。脾之於五行屬土，為五行之主。脾胃是人體代謝的基礎，心指神經系統，心動能加強脾胃做功，因而說「火生土」，土為五行之母。脾胃吸收營養，只有營養充足，代謝才能加強，肌肉才能強勁有力。人體一切活動都依靠營養代謝供應能量，所以說「一身之望屬土」。脾胃強而營養足，營養足而身強，身強而氣自壯，所以說「土生金」。

十三、少林經絡論

經絡是中醫藥學的核心理論，是人體內經脈和絡脈的總稱，經脈是經絡中直行的幹線，部位多分佈較深；絡脈

是經絡中橫行的分支，部位多分佈較淺。經絡是人體氣血運行的通道，氣血循著經絡的分佈而營運全身。

經脈分為正經和奇經。正經有十二，即手太陰肺經、手厥陰心包經、手少陰心經、手陽明大腸經、手少陽三焦經、手太陽小腸經、足太陰脾經、足厥陰肝經、足少陰腎經、足陽明胃經、足少陽膽經、足太陽膀胱經，合稱十二經脈；奇經有八，即衝、任、督、帶、陰維、陽維、陰蹻、陽蹻，合稱「奇經八脈」。

絡脈有別絡、浮絡、孫絡之分。經絡的作用是行氣血，營陰陽，濡筋骨，利關節。總之，人的生命活動離不開氣血，而氣血之行離不開經絡。少林傷科學派、少林點穴術等都是以此為基礎創立的。

十四、少林拳運氣論

少林拳將呼吸之氣，稱為外氣；將體內運行之氣，稱為內氣。講究以意領氣，以氣運身，氣以運而實，力從氣出，氣隱力顯，無氣則無力。一舉手則全身之力奔赴氣之所運，意到氣隨。

運氣之法有四：一為沉氣，即練習靜緩動作時的基本運氣方式，只有氣沉，才能心清神明，周身放鬆，氣力順達；二為托氣，多用於完成平衡動作之時；三為提氣，多用於騰空跳躍動作之時；四為聚氣，進攻或發力之時運用較多。總之，內外之氣要相合一體，自然順達，練習者須銘記，方為知氣也。

十五、少林拳要害論

少林拳實戰應敵時，攻擊對手部位有「八打八不打」之說。

八打：一打眉頭雙睛，二打唇上人中，三打穿腮耳門，四打背後骨縫，五打肺腑胸膛，六打撩陰高骨，七打鶴膝虎脛，八打破骨千斤。

八不打：一不打太陽為首，二不打正對鎖口，三不打中心兩壁，四不打兩肋太極，五不打海底撩陰，六不打兩腎對心，七不打尾閭風府，八不打兩耳扇風。

少林武者針對不同對手會選擇是否攻擊人體要害，如遇一般對手，則防身自衛，講究制人而不廢人；如遇惡歹暴徒，則專打要害，一招制人。這些都折射出了少林拳禪武合一、寬容之心、慈悲之懷、愛恨分明、善惡有別的武術境界。

十六、少林拳三性論

少林拳三性調養法指眼、耳、心的調養方法。少林拳譜說：「眼為見性，耳為靈性，心為勇性。此三性者，術中之妙用也。故眼中不時常循環，耳中不時常報應，心中不時常驚醒，則靈性之意在我，遮不至為人所誤矣。」三性調養就是要摒除外擾，六欲不生，即摒除眼、耳、鼻、舌、身、意的干擾，且不要使三性過於疲勞，否則，靈性自然減弱。心為勇性，心動勇力生。練習武術首要練膽力，要解脫生死，超脫恐怖，心泰神安。常有技擊之功已

臻至絕頂者，一遇猝然變端則心膽俱落，手足失措，即生死之關不破之故也。拳語云：「能萬念皆空，百無一掛牽，當屬好手也」。眼光銳利，耳目靈通，心性勇武，三性合一，精靈自生。

十七、少林拳六要論

少林拳六要論是指心要沉，手要快，步要穩，眼要明，法要變，膽要壯。

心要沉指對敵應戰時不能心慌，需要保持頭腦清醒，注意力集中，情緒穩定。手要快指少林拳講究以快打慢，拳語有：「出手如射箭，回手如閃電；打人不見形，見形必不贏。」這些都是講究的快上加快，疾上加疾。步要穩指移步要做到重心穩固，落腳生根，步法與身形相合敏捷，拳語講：「步不穩則拳亂，步不快則拳慢。」眼要明，即百拳之法以眼為綱。少林拳要求目光銳利，以目注目，善於觀察對手，進而做出準確的判斷。法要變指在實戰中，要根據對手的實際情況迅速改變自己的技戰術，以期達到揚己克彼，百戰百勝。膽要壯，拳語講：「一膽二力三功夫，有膽打無膽，膽大打膽小。」與對手交手，要有必勝的勇氣和膽量。

十八、少林拳六字論

少林拳六字論指工、順、勇、疾、恨、真。工，巧妙也，指架正；順，自然也，指順暢；勇，果決也，指膽識；疾，緊急也，指迅速；恨，仇怒也，指鬥志；真，發

中的，指擊中。

十九、少林拳兩圓論

一個是立圓，一個是橫圓，「手法千變萬化，總不外乎兩個圓圈，立圓如車輪，兩手向前滾打；橫圓如轉磨，兩手橫環打」。立圓為豎而豎中有橫，橫（平）圓為橫而橫中有豎。橫圓為裹、擄、貫、格、捎、橫、截、托等拳法，立圓為劈、崩、攢、炮、沖、挑、撩、插等拳法。

二十、少林拳境界論

功之深者，心靜神清，能以靜制動，以清制濁，不顯於人，不損於己，遇一切外魔挫辱，淡然怡然，不介於意，任人之笑？嘲激，而無動於心，神專志一，以守吾真。如此則六欲無從而入，三毒無由而生，神清氣靜，其功為能，而造爐火純青之境，以證養生保命之盟，此所謂聖人，大智若愚、大勇若怯也。精滿則氣壯，氣壯則神旺，神旺則身健，身健則少病。縱於功夫精嫻，只可備以自衛，切戒逞意氣之私，有好勇鬥狠之舉，切莫「用火不戢自焚，學技不晦自殺」。

此外，關於少林武者還有三種境界之說：「以力行，偏剛偏柔，剛而不柔，柔而不剛，為下乘；以氣行，能剛，能柔，剛柔相濟，氣達全身，為中乘；以神運，虛實互補，剛柔俱化，勁透體外為上乘。」

第六章
少林拳學練指點

第一節　學練少林拳的環境要求

1. 通風換氣良好

特別是在室內訓練，因為人體在運動時會產生很多二氧化碳，會對室內的空氣造成污染，在一定程度上會損害訓練者的健康，所以，最好打開訓練場所的門窗或打開空調進行換氣。

2. 環境乾淨平整

室內要保持整潔，練功器械應擺放整齊、有序，場地應寬敞平整，以利於練功訓練。如果要做一些翻騰、跳躍的動作，應在海綿墊上進行，以免受傷。

3. 裝配大鏡子

在練功場所配備大鏡子是必不可少的。訓練時，透過鏡子觀察自己所做的動作，發現錯誤可以及時糾正。

此外，大鏡子還可以使訓練空間有擴大的感覺，減少壓抑感，使練習者身心愉悅。

4. 顏色運用合理

顏色的合理搭配可以創造出良好的訓練氛圍。如果訓練場所的四面牆壁全部是白色的，就會顯得場所裡死氣沉沉，毫無生氣，影響訓練者的心情，導致訓練效果不佳。

假如能張貼或懸掛一些色彩鮮豔的標語、掛圖或油畫等裝飾物，或擺放一些綠色的盆栽花草，則可調節訓練場所的氣氛，使訓練場所顯得生機勃勃，充滿朝氣。

5. 減小噪音污染

噪音刺激可以使人心煩意亂、血壓升高、心率加快，會破壞訓練者的心情，損害訓練者的身心健康。如果訓練場所有臨街的大窗戶，那麼外面走動的行人和行駛的車輛就會影響到場內的訓練者，使訓練者不能集中精力投入訓練。因此，在訓練時要將百葉窗或窗簾拉上，並且在正式上課時，將大門關閉，以阻隔來自外界的干擾，安心練功。

第二節　學練少林拳常見的誤區

誤區1：認為晨練最好

很多拳友喜歡早晨鍛鍊，認為早上空氣清新。其實不然，早上的空氣污染也很嚴重。研究表明，下午4點左右空氣中氧離子的含量最為豐富，是一天中最佳的鍛鍊時間，此時鍛鍊，有利於改善呼吸、新陳代謝及血液循環。

　　而且由於早晨人體的血液黏稠度較高，容易形成血栓。其實，下午2～4點人體的心跳、血壓最平穩，人體的各項機能都處於一天當中的最佳狀態，這個時段更適合練拳健身。

誤區2：忽視熱身

　　準備活動是練拳之前的必要步驟。訓練前，要充分熱身，尤其是重點活動參與運動的關節、肌肉和韌帶，以提高身體的興奮度，減小肌肉的黏滯性，增加關節的靈活性，避免運動損傷。同時揉搓手、臉、耳等外露部位，以促進局部血液循環。

誤區3：帶病堅持鍛鍊

　　帶病堅持鍛鍊很危險，身體不適應暫停運動或減少運動，否則會加重病情，造成不可挽回的後果。特別是老年人和兒童，本身免疫力就差，若身體處於異常狀態時，一定要停止練拳活動。

誤區4：空腹鍛鍊

　　很多拳友喜歡空腹鍛鍊，這是錯誤的。因為運動需要能量，缺少能量會造成頭暈、心跳加速、出冷汗等問題，嚴重的可能還會發生運動猝死。

誤區5：運動量越大越好

　　超負荷運動會導致過度疲勞、渾身酸痛等，甚至造成

肌腱、肌肉的拉傷。因此，正確的鍛鍊方法應該是從小運動量開始，遵循運動量由小到大、強度由低到高、動作由易到難的原則，每週增加的運動量或強度應控制在10%以內為最佳。

誤區6：盲目運動

練拳時要加強醫務監督，以確保安全。「沒有恢復就沒有訓練」，這次的恢復是為了下次更好的訓練。因此，不要在疲勞沒有消除的情況下進行下一次的訓練。

其實，練武貴在堅持，建議每週運動三至四次，每次時間最好在30分鐘以上，如此才能讓身體變得健康強壯。

誤區7：運動中大量飲水

尤其是在春、夏季鍛鍊，氣候較為乾燥，氣溫較高，會加速身體水分的流失，這時更應注意及時補充水分，但要避免一次性大量地飲水。正確的方法是多次少量適時補水，小口緩咽，能緩解口渴症狀就可以了。運動補水很重要，需要在運動前、運動中和運動後適當地補充水分。在運動1小時後，就可補足身體缺失的水分了。

誤區8：運動後不做整理

訓練之後身體會很興奮，若等待自然放鬆速度會比較慢。做整理活動能幫助身體逐漸緩解疲勞，比如慢跑，用手抓抖放鬆肢體肌肉，這些都是很好的放鬆整理活動。

因為肌肉的放鬆會使血液循環得到極大地改善，特別

是按摩，可以促進肌肉內毛細血管的擴張，加速血液循環，使血液的流速比肌肉緊張時提高了10多倍。此外，還能及時消除機體因運動所產生的垃圾——乳酸堆積，避免出現肌肉酸痛等不適症狀，對減緩疲勞和避免運動損傷有著重要的作用。如果在訓練後洗個溫水澡，可以促進肌肉新陳代謝，使神經系統抑制過程更完善，更有利於肌肉放鬆，加快身體機能的恢復。

誤區 9：運動後馬上吃飯

特別是激烈練拳後，若短時間內就去吃飯，會增加消化器官的負擔，引起功能紊亂，甚至造成多種疾病。因為運動神經中樞處於高度的興奮狀態，副交感神經則加強了對消化系統活動的抑制，腹腔內各器官的血液供應相對減少，使得胃腸道的蠕動減弱，各種消化腺的分泌大大減少，對身體會造成不必要的傷害。

第三節　少林拳柔韌訓練湏知

一、柔韌訓練方法

腿部柔韌訓練是少林拳柔功訓練中的主要方式之一，壓腿是腿部柔韌訓練的主要方式，具體方法如下：

1. 正壓腿

身體正面對壓腿器，距離適中，以抬起腳踝能夠自然

161

搭在壓腿器上為高度標準。身體自然站立，下肢放鬆。一隻腳輕輕抬起，豎腳放在壓腿器上，上身保持正直，挺胸收腹。上身慢慢向前彎腰，直至大腿後面的肌肉感到被拉緊，上身不能再向前移動時停止，保持這個姿勢20～30秒，然後還原。

2. 側壓腿

身體自然站立，身體側面對壓腿器，下肢放鬆。一隻腳輕抬起並橫腳放於壓腿器上，上身保持正直，挺胸收腹，上身慢慢向側彎腰，異側手抬起握向壓腿器的腳，直至大腿裡側的肌肉及異側肋肌肉感到被拉緊，上身不能再向側移動時停止，保持這個姿勢20～30秒，然後還原。

3. 後壓腿

身體自然站立，身體背面對壓腿器，下肢放鬆。一隻腳輕輕向後抬起並將腳背放於壓腿器上，上身保持正直，挺胸收腹，上身慢慢向後彎腰，兩手抬起向體後無限伸展，直至大腿前面的肌肉感到被拉緊，上身不能再向後移動時停止，保持這個姿勢20～30秒，然後還原。

練習者在壓腿訓練過程中，應注意以下幾點：

（1）應正常呼吸，不要憋氣。

（2）一定要站穩，雙手扶住膝蓋或者壓腿器，避免摔倒。

（3）要量力而行，剛開始最好先從最低標準壓起，以免拉傷肌肉。如果可以很輕鬆地完成低位的壓腿，再換

中位壓腿和高位壓腿。

（4）動作要慢，不能用力過猛，以免對腰腿的肌肉、骨骼造成損傷。

（5）左右腿要對稱訓練，左腿壓了多少次，右腿也要壓多少次。

（6）壓腿結束後不要馬上結束訓練，還要做一些踢腿練習來調整、放鬆腿部的肌肉。

二、柔韌訓練功效

（1）柔韌訓練可促進身體健康、體形完美和心情愉悅。

（2）柔韌訓練可減少受傷的危險性。實踐證明，堅持科學規律的柔韌性訓練，在少林拳的訓練和演練過程中，受傷的可能性要降低50%。

（3）柔韌訓練是一種很好的熱身或放鬆運動。柔韌訓練還可以提高神經系統與肌肉組織的協調性。在做完某項運動後立即開始此項訓練，能使疲憊的身體儘快得到恢復。

（4）柔韌訓練可以提高競技水準。因為柔韌度的提高，在心理和生理上都會佔有相當大的優勢。

（5）科學合理的柔韌性訓練其實是一種樂趣，在訓練後會有一種非常舒適的體感。

（6）堅持每天進行柔韌性訓練，身體的柔功會取得驚人的進步。

（7）柔韌性訓練最理想的時間是在晚上睡覺前的1～

2個小時，這對緩解和消除一天的訓練疲勞有很大的幫助，並能使練習者身體徹底放鬆，暢然入睡。

第四節　學練少林拳五大禁忌

1.忌驟停蹲坐

劇烈運動時心跳加快，肌肉、毛細血管擴張，血流加速。如果突然停下來休息或蹲坐休息，肌肉收縮就會停止，這時下肢肌肉中的血液就不能順利回流到心臟，影響血液循環，造成血壓降低和腦部暫時缺血，導致心慌氣短、頭暈眼花，甚至休克。因此，每次運動結束後應調整呼吸節奏，放鬆抖臂，轉腰擺胯，以利還清「氧債」，加快恢復體能，消除疲勞。

2.忌貪吃冷飲

多數拳友訓練後會有口乾舌燥、急需喝水的感覺，然而此時人體消化系統仍處在抑制狀態，功能十分低下。

此時若圖一時涼快和解渴而貪吃大量的冷飲，極易引起胃腸痙攣、腹痛、腹瀉等，並誘發腸胃疾病。因此，訓練後補充少量的溫水即可。

3.忌驟降體溫

秋冬季在戶外鍛鍊，不宜立即脫掉外衣，應在身體微熱後再逐漸減衣，鍛鍊結束時，應擦乾汗液，及時穿衣保

暖，防止著涼。

運動時，身體表面的血管擴張，體溫升高，毛孔舒張，排汗增多，嚴禁用冷水沖頭或立即走進冷氣空調房間納涼，這樣會使皮膚緊縮閉汗而引起體溫調節等生理功能失調，使免疫功能下降而導致感冒、腹瀉、哮喘等病症。

4. 忌訓練時吸菸

在訓練中或訓練後立即吸菸，吸入肺內的空氣就會混入大量的煙霧，一方面會減少含氧量，難以消除肌體疲勞；另一方面當人體吸入帶煙霧的空氣時，會影響人體肺泡內的氣體交換，導致人體在訓練後因供氧不足而出現胸悶、氣喘、呼吸困難、頭暈乏力等病症，極不利於身體健康。

5. 忌霧霾天訓練

當空氣品質指數嚴重超標時，如PM2.5的天氣要謹慎戶外訓練。訓練時要用鼻呼吸，以濾清空氣，防止塵埃和病菌侵害氣管、肺部。

人的肺活量與運動量成正比，此時，吸入肺的顆粒物會比正常天氣條件時要多，對人體的潛在傷害更是不言而喻的。因此，戶外訓練時要遠離建築工地、馬路、有大型鍋爐的企業等有污染源的地方。

附錄
傳統武術套路競賽規則

第一章　競賽組織機構

第一條　競賽委員會

根據不同的比賽規模，可設立競賽委員會、競賽部或競賽處，由負責競賽業務的行政人員若干人組成。在大會組委會統一領導下，負責整個大會的競賽組織工作。

第二條　競賽監督委員會

一、競賽監督委員會為競賽的監督機構

二、競賽監督委員會人員的組成

由主任1人、副主任1人、委員3或5人組成。

三、競賽監督委員會的職責

（一）監督、檢查仲裁委員會、裁判員的工作。

（二）監督、檢查參賽運動隊的比賽行為。

（三）有權對違紀的仲裁人員、裁判人員和運動隊的相關人員做出處罰。

（四）競賽監督委員會不直接參與仲裁委員會和裁判人員職責範圍內的工作，不干涉仲裁委員會、裁判人員正確履行自己的職責，不改變裁判人員、仲裁委員會的裁決結果。

第三條　仲裁委員會

一、仲裁委員會人員的組成

由主任1人、副主任1人、委員3或5人組成。

二、仲裁委員會的職責

（一）接受運動隊的申訴，並及時做出裁決，但不改變裁判結果。

（二）仲裁委員會會議出席人員必須超過半數，超過半數以上做出的決定方為有效。表決投票相等時，仲裁委員會主任有決定權。仲裁委員會成員不參加與本人所在單位有牽連問題的討論與表決。

（三）仲裁委員會的裁決為最終裁決。

（四）仲裁委員會負責確定比賽時每場地仲裁錄影位置。

第四條　裁判人員的組成

一、裁判人員的組成

（一）總裁判長1人、副總裁判長1～2人。

（二）裁判組設裁判長1人、副裁判長1人，評分裁判員3～5人。根據競賽的規模可設若干個裁判組。

（三）編排記錄長1人。

（四）檢錄長1人。

二、輔助工作人員的組成（根據比賽規模，可適當增加或減少人員）

（一）競賽電子系統操作人員每場地1～2人。

（二）編排記錄員3～5人。

（三）檢錄員每場地2～3人。

（四）宣告員1～2人。

（五）放音員1～2人。

（六）攝影員每場地1～2人。

第五條　裁判員的職責

一、總裁判長

（一）組織領導各裁判組的工作，保證競賽規則的執行，檢查落實賽前各項準備工作。

（二）解釋規則、規程，但無權修改規則、規程。

（三）在比賽過程中，根據比賽需要可調動裁判人員工作，裁判人員發生嚴重錯誤時，有權處理。

（四）審核並宣佈成績，做好裁判工作總結。

二、副總裁判長

（一）協助總裁判長的工作，並可重點負責競賽中某一部分的工作。

（二）在總裁判長缺席時，代行其職責。

三、裁判長的職責

（一）組織本裁判組的業務學習和實施裁判工作。

（二）執行比賽中對套路時間不足或超出規定、重做、集體項目少於規定人數、配樂項目不符合要求等扣分。

（三）經總裁判長同意，有權對不合理的運動員應得分進行調整，但無權更改裁判員的評分。

（四）裁判員發生嚴重的評判錯誤時，可向總裁判長建議給予相應的處理。

四、副裁判長的職責

協助裁判長進行工作；負責管理本場地檢錄組的工

作，保證本組比賽有序進行。

五、裁判員的職責

（一）服從裁判長的領導，參加裁判業務學習，做好準備工作。

（二）認真執行規則，獨立進行評分，並做好臨場評分記錄。

（三）負責運動員整套動作演練的評分。

六、編排記錄長的職責

（一）負責編排記錄組的全部工作，審查報名表，並根據大會要求編排秩序冊。

（二）負責比賽現場評分記錄的審核；如遇特殊情況，可根據總裁判長旨意，現場進行有關專案上場組別、順序的調整（**含人員、項目的增加或刪減**）。

（三）準備比賽所需表格，審查核實比賽成績及排列名次。

（四）採用電子競賽計分系統時，須做好裁判組與電子競賽系統操作組的協調工作，保證競賽成績無誤。

（五）如遇同分時，按規則規定處理好成績，確定名次。

（六）編排成績冊。

七、檢錄長的職責

（一）負責在賽前協調安排佈置場地，落實各場地檢錄處位置、運動員入場和退場的位置及標記。

（二）負責檢錄組的全部工作，及時與各裁判長溝通，如有變化及時報告總裁判長和宣告員。

第六條　輔助工作人員職責

一、編排記錄員的職責

根據編排記錄長分配的任務進行工作。

二、檢錄員的職責

（一）按照比賽順序及時進行檢錄，將比賽運動員帶入場後，向裁判長遞交檢錄表。

（二）配合裁判長，做好現場運動員上場的檢錄工作；負責多名運動員同時上場時的起勢位置的確定。

（三）負責將完成比賽的運動員帶出場地，保證場內競賽秩序井然。

三、宣告員的職責

報告比賽成績，介紹有關競賽規程、規則、比賽規模、傳統武術拳種及項目特點等知識。

四、放音員的職責

（一）在比賽第一次檢錄時，負責收取配樂項目音樂光碟，根據比賽出場順序進行編號，保證配樂項目比賽順利進行。

（二）運動員站在比賽場地3～5秒鐘，開始放音樂。

（三）比賽結束後，負責將音樂歸還運動隊。

五、攝影員的職責

（一）對全部競賽項目進行現場攝影。

（二）遵照仲裁委員會、競賽監督委員會的要求，負責播放相關項目錄影。

（三）全部錄影均應按大會規定予以保留，並交付競賽處製作光碟存檔資料。

第二章 參賽人員及其規定

第七條 參賽人員及其規定

參賽人員包括參賽隊的運動員、教練員、領隊和隨隊醫生，為確保大會的順利進行，須遵守以下規定：

一、參賽者應按規程中的規定按時報名，並遵守大會各項規定。

二、參加組委會安排的領隊會議（組委會）和教練員、裁判員聯席會議，充分發表意見和提出疑問，一旦決定，嚴格遵照執行。

三、參賽者應依據規則和規程公平競爭，履行武術禮儀，服從裁判，尊重對手。

四、任何參賽人員不得在比賽期間對裁判人員施加影響和干擾，一經發現，由競賽監督委員會予以嚴肅處理。

第八條 申 訴

一、仲裁委員會只受理運動隊在比賽時裁判長對本隊運動員的扣分有異議的申訴。

二、申訴程式

參賽隊對裁判長扣分有異議時，必須在該場該項比賽結束後15分鐘內，由該隊領隊或教練向仲裁委員會以書面的形式提出申訴，同時交付1000元申訴費。一次申訴僅限一個內容。

仲裁委員會依據申訴內容進行認真審議，查看仲裁錄影，如裁判長扣分正確，提出申訴的運動隊必須堅決服從。如果因不服而無理糾纏，根據情節輕重，可由仲裁委

員會建議競賽監督委員會給予嚴肅處理，直至取消比賽成績；如裁判長扣分錯誤，仲裁委員會提出申請，由競賽監督委員會對裁判長進行處理，但不改變裁判結果，退回申訴費。裁決結果應及時通知有關各方。

第三章　競賽通則

第九條　競賽性質

一、按競賽類型可分為

（一）個人賽

（二）團體賽

（三）個人及團體賽

二、按年齡可分為

（一）成年賽

（二）青少年賽

（三）兒童賽

三、按拳種內容可分為

（一）各單練拳術和器械的個人項目比賽

（二）對練項目比賽

（三）集體項目比賽

（四）綜合項目比賽

第十條　競賽和表演項目

一、競賽項目

（一）流傳有序的各武術拳種流派的傳統套路，包括單練的拳術、器械、對練和集體項目。

（二）在群眾中廣泛流傳的其他武術套路，包括各種

規定套路的拳術、器械和功法項目。

二、集體表演項目

以武術動作為主要內容，並具有一定藝術性的集體武術綜藝表演項目。

第十一條　競賽年齡分組

兒童組（A組）：12周歲以下。

少年組（B組）：12周歲至17周歲。

青年組（C組）：18周歲至39周歲。

中年組（D組）：40周歲至59周歲。

老年組（E組）：60周歲和60周歲以上。

第十二條　比賽順序的確定

在競賽監督委員會和總裁判長的監督下，由編排記錄組運用電腦程式進行分組排序，確定項目比賽順序和運動員上場順序。

第十三條　檢　錄

運動員須在賽前30分鐘到達指定地點報到，參加第一次檢錄，並檢查服裝和器械。賽前20分鐘進行第二次檢錄，第三次檢錄時間為賽前10分鐘。

第十四條　禮　儀

運動員聽到上場點名時、完成比賽套路後和裁判長宣佈最後得分時，應向裁判長行抱拳禮。

第十五條　計　時

運動員由靜止姿勢開始肢體動作，計時開始；運動員結束全套動作後併步站立，計時結束。

第十六條　示　分

運動員的比賽結果，公開示分。

第十七條　棄　權

不能按時參加檢錄與比賽者，按棄權論處。

第十八條　興奮劑檢測

根據國際奧林匹克憲章的規定和國際奧會的有關要求，進行興奮劑檢測。

第十九條　名次和等級獎項的評定

一、名次評定

（一）個人項目、對練項目和集體項目名次

按比賽的成績高低排列名次。得分最高者為該單項的第一名，次高者為第二名，依次類推。

（二）個人全能名次

根據規程規定，按各單項得分總和的多少進行評定，得分最多者為全能第一名，次多者為第二名，依次類推。

（三）團體名次

根據競賽規程關於團體名次的確定辦法進行評定。

二、得分相等的處理

（一）個人項目、對練項目和集體項目得分相等的處理：

1. 兩個無效分數的平均值接近有效分數的平均值者列前。

2. 兩個無效分數的平均值高者列前。

3. 兩個無效分數中，低無效分數高者列前。

4. 如仍相等，名次並列。

（二）個人全能得分相等時，以比賽中獲單項第一名多者列前；如仍相等，則以獲得第二名多者列前，依次類推；如獲得所有名次均相等，則名次並列。

（三）團體總分相等時，以全隊獲得單項第一名多者列前；如仍相等，則以獲得第二名多者列前，依次類推；如獲得單項名次均相等，則名次並列。

三、等級獎項的評定

個人項目、對練項目、集體項目分別設一、二、三等獎。確定獲獎等級的方法是按各項最後得分多少排序，各獎項的比例由競賽規程規定。

第二十條　集體表演項目的評定

一、集體表演項目獎項設一、二、三等獎

確定獲獎等級的方法是按得分的多少排序，各獎項的比例由競賽規程規定。

二、集體表演項目也可設置其他特別獎項

集體表演項目設置的特別獎項由競賽規程規定。

第二十一條　套路完成時間的規定

一、個人項目和對練項目

完成套路時間為50秒至2分鐘（太極拳、太極劍和功法項目除外），運動員演練至1分30秒時，由裁判長鳴哨提示。

二、太極拳項目

（一）太極拳項目：完成套路時間為4～6分鐘，運動員演練至4分鐘時，由裁判長鳴哨提示。

（二）太極劍項目：完成套路時間為3～4分鐘，運動

員演練至3分鐘時，由裁判長鳴哨提示。

三、功法項目

完成套路時間為2～4分鐘，運動員演練至2分30秒時，由裁判長鳴哨提示。

四、集體項目

完成套路時間不得超過4分鐘。

五、集體武術綜藝表演項目

完成套路時間不得超過6分鐘。

六、運動員比賽時完成套路的時間以裁判組的碼錶所計的時間為依據運動員比賽時裁判組用2塊碼錶計時。當運動員完成套路的時間不符合有關規定，同時裁判組的2塊碼錶所計時間又不相同時，以較接近規定時間的1塊碼錶所計時間為準。

七、根據競賽性質和競賽內容的不同，可在規程中對完成套路時間做出相應的規定。

第二十二條　集體專案人數的規定

集體項目不少於6人，集體表演項目人數不限或按照競賽規程規定。

第二十三條　配樂

（一）配樂項目按規程規定執行。

（二）凡配樂項目必須使用純音樂，音樂主題與套路主題相和諧。

（三）動作開始的前奏曲和動作結束後的音樂尾聲，須控制在15秒以內；音樂須使用光碟或MP3播放機錄製，比賽音樂須獨立錄製和備份。

（四）各代表隊須在配樂項目比賽前第一次檢錄時，將本隊音樂光碟或MP3播放機進行檢錄，交至放音員處，並配合放音員完成本隊比賽音樂播放。

第二十四條　未完成套路規定

運動員未完成比賽套路不予評分。

第二十五條　重　做

運動員因主客觀原因造成比賽套路中斷，可以申請重做一次。重做項目可安排在該類項目最後一名上場，若出現最後一名選手重做，則允許休息5分鐘後上場。

第二十六條　服　裝

（一）裁判員應穿統一的武術裁判服裝。

（二）運動員可穿具有運動特色、項目特色、民族特色、時代特色的適合於武術運動的比賽服裝和武術鞋。

（三）規程可以根據競賽性質、內容，統一規定運動員的比賽服裝。

第二十七條　競賽場地

（一）個人項目和對練項目的競賽場地為長14公尺、寬8公尺，場地四周內沿應標明5公分寬的白色邊線，場地的長和寬均由邊線的外沿開始計算。場地周圍至少有2公尺寬的安全區域。

（二）集體項目的競賽場地為長16公尺、寬14公尺，場地四周內沿應標明5公分寬的白色邊線，場地的長和寬均由邊線的外沿開始計算。場地周圍至少有1公尺寬的安全區域。

（三）競賽場地的地面空間高度不少於8公尺；兩個

場地之間的距離在4公尺以上；場地燈光垂直照度和水準照度應在規定範圍之內。

（四）競賽場地應有明顯場地編號標誌；場地周圍應設置仲裁錄影和電子示分屏的位置；場地一側設置裁判席。所有設置均應保持與場地邊線2公尺以上距離。

（五）裁判席右側後方運動員臨場處，應設置2～4名運動員臨場席。

第二十八條　比賽器械

可以使用任何武術器械或由規程規定的器械。

第二十九條　其他比賽設備

根據競賽規模大小和需要配備攝影機、放影機、電視機和音響設備。

第四章　評分方法與標準

第三十條　競賽項目評分方法與標準

一、各項目比賽的滿分為10分

二、評分方法

（一）裁判員根據運動員現場技術演練發揮的水準，與「等級評分總體要求」的相符程度，按照評分的等級標準，並與其他運動員進行比較，確定運動員等級分數。在此基礎上，減去「其他錯誤」的扣分即為運動員的得分。裁判員評分可保留到小數點後2位數，尾數為0～9。

（二）應得分數的確定

3名裁判員評分時，取3名裁判員評出的運動員得分的平均值為運動員的應得分；4名裁判員評分時，取中間2

名裁判員評出的運動員得分的平均值為運動員的應得分；5名裁判員評分時，取中間3名裁判員評出的運動員得分的平均值為運動員的應得分。應得分可保留到小數點後2位數，第3位數不做四捨五入。

（三）裁判長對評分的調整

當評分中出現明顯不合理現象時，在示出運動員最後得分之前，裁判長可調整運動員的應得分。裁判長調整分數範圍為0.01分至0.05分。如需調整更大幅度方可糾正明顯不合理現象時，裁判長須經總裁判長同意，調整分數範圍擴大為0.05分至0.1分。

（四）最後得分的確定

裁判長從運動員的應得分中減去「裁判長的扣分」，或加上「裁判長的調整分」，即為運動員的最後得分。

三、評分標準

（一）等級分的評分標準

1. 技術演練綜合評定評分標準

分為3檔9級，其中：8.50～10.00分為優秀；7.00～8.49分為良好；5.00～6.99分為尚可（詳見表1）。

2. 等級評分總體要求

（1）動作規範，方法正確，風格突出。運動員應表現出所演練的拳種及項目的技術特點和風格特點，應包含該項目的主要內容和技法。

（2）勁力順達，力點準確，動作協調。透過運動員的肢體以及器械應表現出該項目的勁力、方法特點，手、眼、身、法、步配合協調，器械項目要求身、械協調。

179

表1 等級評分標準

等 別		級 別	評分分值
優秀	上	①級	9.50~10.00
	中	②級	9.00~9.49
	下	③級	8.50~8.99
良好	上	④級	8.00~8.49
	中	⑤級	7.50~7.99
	下	⑥級	7.00~7.49
尚可	上	⑦級	6.50~6.99
	中	⑧級	6.00~6.49
	下	⑨級	5.00~5.99

（3）節奏恰當，精神貫注，技術熟練。應表現出該項目的節奏特點。

（4）結構嚴密，編排合理，內容充實。整套動作應與該項目的技術風格保持一致，具有傳統性。

（5）武術功法項目應動作規範、鬆靜自然；圓活連貫、呼吸順暢；意念集中、風格突出；速度適宜、神態自然，演練神韻與項目特點融合。

（6）對練項目應內容充實，結構緊湊，動作逼真，風格突出，配合嚴密，攻防合理。

（7）集體項目應隊形整齊，應以該項目的技術為主要內容，突出該項目的風格、特點，配合默契，動作整齊劃一，結構恰當，佈局勻稱，並富於一定的圖案變化。

（8）配樂項目應動作與音樂和諧一致，音樂的風格應和該演練項目的技術風格相一致，不允許出現動作結束之前音樂停止或動作結束時音樂突然中斷的現象，使演練缺乏完整性。

（二）裁判員執行的其他錯誤內容及扣分標準

1. 遺忘：扣0.1分。

2. 出界：扣0.1分。

3. 失去平衡：晃動、移動、跳動扣0.1分。

4. 器械、服裝影響動作：扣0.1分。

5. 器械變形：扣0.1分。

6. 附加支撐：扣0.2分。

7. 器械折斷：扣0.3分。

8. 器械掉地：扣0.3分。

9. 倒地：扣0.3分。

10. 對練項目：擊打動作落空，扣0.1分；誤中對方，扣0.2分；誤傷對方，扣0.3分。

11. 以上錯誤每出現一次，扣一次；在一個動作中，同時發生兩種以上其他錯誤，應累積扣分（詳見表2）。

（三）裁判長執行的其他錯誤內容及扣分標準

1. 完成套路時間不足或超出規定。

（1）運動員完成套路時間，凡不足規定時間或超出規定時間在5秒以內（含5秒），扣0.1分；不足規定時間或超出規定時間5秒，在10秒以內（含10秒），扣0.2分；不足規定時間或超出規定時間10秒以上，扣0.3分，最多扣0.3分。

（2）運動員超過規定時間扣分已達0.3分時，裁判長應請運動員立即收勢停止比賽。此種情況應視為運動員完成套路。

2. 運動員在規定套路比賽中每漏做或多做一個完整動

表2 其他錯誤內容及扣分標準

錯誤種類	錯誤內容及扣分標準		
	扣0.1分	扣0.2分	扣0.3分
服裝、飾物影響動作	▲刀彩、劍穗掉地或纏身 ▲服裝開紐或撕裂 ▲服飾、頭飾掉地 ▲鞋脫落		
器械觸地、脫把、碰身、變形、折斷、掉地	▲器械觸地 ▲器械脫把 ▲器械碰（纏）身 ▲器械彎曲變形		▲器械折斷（含即將折斷） ▲器械掉地
出界	▲身體任一部位觸及線外地面		
失去平衡	▲上體晃動、腳移動或跳動	▲手、肘、膝、足、器械的附加支撐	▲倒地（雙手或肩、頭、軀幹、臀部觸地）
遺忘	▲遺忘一次		
對練項目	▲擊打落空	▲誤中對方	▲誤中對方

注：運動員在一次失誤中若出現多種以上所列舉的其他錯誤，應累計扣分。

作，扣0.1分。

3. 運動員因主觀原因未完成套路，經裁判長同意可重做一次。運動員重做後，裁判長在其應得分的基礎上，扣1分。運動員因客觀原因未完成套路，可重做一次，不扣分。

4. 集體項目比賽的人數，少於競賽規程規定的人數，每少1人，扣0.5分。

5. 配樂不符合競賽規程規定者，扣0.1分。

6. 傳統拳種各流派項目在演練中出現競技項目《武術套路競賽規則》中所規定的B級及B級以上的難度動作，每出現一次，扣1分。

第三十一條　表演項目的評定方法與標準

一、評分方法

表演項目的滿分為10分。裁判員根據運動員現場發揮的技術和表演水準，按照與「表演項目等級評分的總體要求」相符的程度，並與其他的表演項目進行比較，確定該項目的等級分。裁判員評分可到小數點後2位數，尾數為0～9。

二、評定標準

（一）技術演練綜合評定評分標準

分為3檔9級，其中：8.50～10.00分為優秀；7.00～8.49分為良好；5.00～6.99分為尚可（詳見表1）。

（二）表演項目等級評分的總體要求

1. 以武術技術為主要內容，並能較好地吸收和融合其他藝術形式的元素。

2. 能較好地利用其他藝術的表現手法，來烘托武術的技術風格。

3. 結構嚴密、內容充實、技術熟練、配合默契、主題突出，富於時代氣息，充分展現積極、健康、向上的精神風貌。

4. 音樂與主題和動作配合緊密、和諧順暢。

5. 富有創新意識。

第三十二條　其　他

本規則適用於全國及省、市、自治區各級傳統武術套路的比賽。在競賽性質、任務有特殊要求時，可在競賽規程中做出相應規定。

附表如下：

傳統武術比賽代表隊人員資訊報名表（一）

代表隊名稱		省區市		所屬區域	□境內 □港澳台 □世界各國	隊總人數

代表隊組織人聯繫方式（必填）：

聯繫地址：_____　郵編：_____　電子郵箱：_____

聯繫人：_____　手機：_____　固定電話(加區號)：_____　傳真：_____　QQ號：_____

參賽人員資訊

序號	姓名	身份	性別	身份證號碼	中國武協會員證號碼	委託保險	本人手機號	備註
1								
2								
3								
4								
5								
6								
7								
8								

簽名和蓋章：_____

_____年_____月_____日

註：1. 填報順序：先填寫參賽運動員，後填寫領隊、教練、隊醫等隨隊人員等。
　　2. 身份填寫為：運動員、領隊、教練、隊醫。
　　3. 此表可複製，下載地址：www.wushu.com.cn.

184

傳統武術比賽代表隊人員資訊報名表（二）

代表隊全稱（蓋章）：＿＿＿＿＿＿＿　代表隊簡稱：（用10個以內漢字簡寫）：＿＿＿＿＿＿＿

領隊(姓名和性別)：＿＿＿＿＿＿　行動電話：＿＿＿＿＿＿　教練(姓名和性別)：＿＿＿＿＿＿　行動電話：＿＿＿＿＿＿

序號	姓名	性別	組別	出生年月日	參賽項目									
					傳統拳術類			拳種名稱或類別	傳統器械類			對練		集體項目
					太極拳 項目名稱	南拳 項目名稱	其他拳術 拳種名稱或類別 / 項目名稱		單器械 項目名稱	雙器械 項目名稱	軟器械 項目名稱	項目名稱	運動員姓名	
1		男子												
2														
3														
4														
5		女子												
6														
7														
8														

註：1. 請按規程中競賽項目分類項目分類在項目欄內填寫為套路具體名稱。對練項目，集體項目欄內填寫為具體項目名稱和在兼項運動員對照欄裡畫「√」。

2. 身在其他拳術和器械類欄中注明單項拳種和套路具體名稱。

3. 填表時，請先填寫男子項目，再填寫女子項目，分別從A組到E組按順序依次填寫。此表可複製。下載地址：www.wushu.com.cn.

傳統武術套路競賽規則　附錄

185

傳統武術比賽參賽代表隊統計表

序號	代表隊		隊數	領隊	教練	隊醫	隨隊	運動員			人員合計	項目數				項目合計
	區域	團隊名稱						男	女	小計		拳術	器械	對練	集體	

傳統武術比賽各類項目參賽人數統計表

序號	項目類	女子各年齡組各類項目參賽人數					男子各年齡組各類項目參賽人數					參賽總人數
		FA	FB	FC	FD	FE	MA	MB	MC	MD	ME	

傳統武術套路競賽裁判員評分記錄表

項目：＿＿＿＿＿＿＿＿ ＿＿月＿＿日 第＿＿場地 第＿＿組

上場序號	評分記錄		應得分	最後得分
	等級評分	其他錯誤內容扣分		

第＿＿號裁判員（簽名）：＿＿＿＿＿＿＿＿＿

傳統武術套路競賽裁判長評分記錄表

項目：＿＿＿＿＿＿＿＿ ＿＿月＿＿日 午(晚)第＿＿場地 第＿＿組

序號	姓名	單位	年齡組別	完成時間	裁判員評分						裁判長扣分	裁判長調整分	最後得分
					裁判員評分記錄					應得分			
					1	2	3	4	5				

裁判長：＿＿＿＿＿＿＿ 臨場記錄員：＿＿＿＿＿＿＿

傳統武術比賽個人項目、對練項目成績表

性別__組別__項目類_____ 　　第__場地　第__組　__年__月__日__時

序號	運動員編碼	姓　　名	隊員	項目名稱	成績	名次／等級

總裁判長：＿＿＿＿＿＿　　　　　　　編排記錄員：＿＿＿＿＿＿

傳統武術比賽集體項目成績表

第___場地　第___組　　　　　　　　　　___年__月__日__時

序號	運動員編碼	隊　　員	項目名稱	成績	名次／等級

總裁判長：＿＿＿＿＿＿　　　　　　　編排記錄員：＿＿＿＿＿＿

傳統武術比賽個人全能成績表

性別____　　組別____　　　　　　　　___年__月__日__時

序號	姓名	隊員	項目1	成績1	項目2	成績2	項目3	成績3	全能總分	名次／等級

總裁判長：＿＿＿＿＿＿　　　　　　　編排記錄員：＿＿＿＿＿＿

傳統武術比賽團體總分成績表

序號	單位	全能選手1	成績1	全能選手2	成績2	全能選手3	成績3	全能選手4	成績4	全能選手5	成績5	全能選手6	成績6	團體總分	名次／等級

總裁判長：＿＿＿＿＿＿＿　　編排記錄員：＿＿＿＿＿＿＿

傳統武術比賽責任聲明書

運動員姓名：＿＿＿＿　性別：＿＿＿　身份證號碼：＿＿＿＿＿＿

請各位運動員閱讀，瞭解並同意遵守下列事項：

1. 清楚瞭解任何意外傷亡事故，參賽運動員必須負完全的責任。

2. 主辦方和承辦方對在比賽時所發生的任何意外事故及災難，不承擔任何責任。

3. 參賽運動員保證沒有攝取任何藥物（興奮劑）或毒品。

4. 參賽運動員保證沒有參與或涉嫌任何非法活動。

5. 參賽運動員保證在身體上及精神上是健康健全者，適合參加競技比賽。

6. 參賽運動員須自行保管個人財物與貴重物品，在賽場內所發生的任何遺失、偷竊或損壞事件，主辦方和承辦方不承擔任何責任。

7. 清楚瞭解承辦單位在賽事中提供的有關醫療救援的一切措施，是最基本的急救方法；在進行急救時所發生的一切意外事故，均由參賽運動員本人承擔全部責任。

8. 參賽運動員同意並遵守由中國武術協會制定的一切有關賽事規則、規程，如有任何異議，均需遵照大會之仲裁條例進行。

9. 參賽運動員對於一切活動包括練習、比賽及各活動，可能被拍攝或錄影或電視現場直播等，同意由中國武術協會以全部或部分形式、以任何語言、無論是否包括其他物資，在無任何限制下，使用本人的姓名、地址、聲音、動作、圖形及傳記資料以電視、電臺、錄影、媒體圖樣或任何媒介設備播出，乃至今後有所需要的時候使用，本人將不做任何追討及賠償。

本人在此簽字承認，同意及確定我已經閱讀，明確瞭解並同意遵守以上所列的所有條款／事項：

申請人姓名：＿＿＿＿＿＿＿＿＿　簽名／日期＿＿＿＿＿＿＿＿

（未滿18歲的運動員請由家長簽名）

家長（監護人）的姓名：＿＿＿＿＿＿　簽名／日期＿＿＿＿＿

見證人（代表隊員責人）：＿＿＿＿＿＿＿＿＿

見證人姓名：＿＿＿＿＿＿＿＿　簽名／日期＿＿＿＿＿＿＿＿

注：本聲明每人1份，獨立填寫。

傳統武術比賽申請姓名、項目更正表

代表隊名稱：＿＿＿＿＿＿＿

領隊(或教練)：＿＿＿＿＿＿　　　聯繫電話(必填)：＿＿＿＿＿

序號	編號	姓名	性別	組別	項目更正		姓名更正	
					項目名稱及所在頁碼	申請更正的項目名稱及所在頁碼	姓名及所在頁碼	申請更正的姓名及所在頁碼
1								
2								
3								
4								
5								

註：1. 請各運動隊認真核對秩序冊中的每名運動員的姓名和項目，若有誤，請認真填寫此表，並務必於×年×月×日點前由領隊或教練遞交至大會組委會。無異議者不予填寫。

2. 賽會編排記錄組將此表中填寫的內容與原始報名表進行核對，如此原始報名表不符者，不予更正。

附場地示意圖：

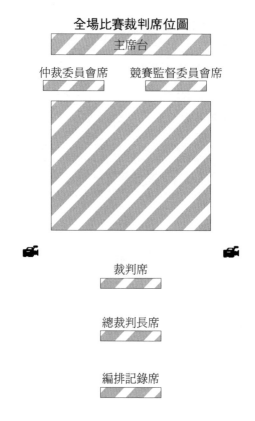

全場比賽裁判席位圖

主席台

仲裁委員會席　　競賽監督委員會席

裁判席

總裁判長席

編排記錄席

比賽時裁判座位圖

①　②　★　☆　△　③　④　⑤

說明：裁判席在主席台對面，裁判員之間要有50公分的間距。
　　　①、②、③、④、⑤為裁判員
　　　★為裁判長
　　　☆為副裁判長
　　　△為記錄員
　　　🎥為仲裁攝影機位

大展好書　好書大展
品嘗好書　冠群可期

大展好書　好書大展

品嘗好書．冠群可期